1日 10 分で「英語顔」を作る

聞ける！話せる！ 英語力

Living and Breathing English

3カ月トレーニング

小林 美代子 著

JN289512

Before　→　After

いつも口を
ポカーンと
開けていた

口元に締まりがない

口元が締まり
表情豊かに
なりますよ！

これが「英語顔」！

英語が苦手だった私
締まりのない顔だっ
たのが、3カ月後は…

トレーニング後は
聞ける・話せる
「英語力」がつき、
シャープで締まった
「英語顔」に
へんしーん！

KENKYUSHA

※表紙の英語Living and Breathing Englishのliving and breathingとは「何かに一生懸命に取り組む、すっかりハマる」といった意味です。

はしがき

2005年の春、一カ月ほど滞在した英国から日本に帰国するために、ロンドンのヒースロー空港で列を作って待っていたとき、久しぶりに見るたくさんの日本人の顔を見て、びっくりしました。みんな何であんなに無表情で口元が締まっていないのでしょう！顔の下半分がだらりと締りがなく、ひどい人は、口をポカンと開けています。そのとき、この本を書くことを思い立ちました。日本人が英語ができないのは、受験英語のせいでもなく、英語に浸る時間が少ないからでもなく、英語の音声をしっかり出せるような顔ができていないことが大きな原因のひとつなのです。英語の音は強いリズムと強い呼気が要です。口の周りの筋肉を鍛えて強い息が出せるようにならなければ、英語らしい発音をすることはできません。その後、今度は日本人スチュワーデスの機内アナウンスの英語が気になり始めました。スチュワーデスですから、個々の発音はきちんとしています。滑らかなきれいな英語です。それでも、なぜか、英語らしい響きがないのです。そのとき、これは、ひとえに、呼気の強さが不足しているからに他ならないと、はたと気づきました。

現在、巷では「英語耳」「英語舌」「英語脳」などの言葉が大流行ですが、細かい発音の技術だけいくら練習しても、声を出す楽器、つまり体全体、特に顔や口の周りの筋肉を鍛えなければ意味がありません。日本語は、あまり口を動かさず、呼気もあまり出さずに話せるので、顔の筋肉が鍛えられていない人が多いのです。体を鍛えるためのエクササイズはしても、顔の筋肉を鍛える運動など考えたこともない人が多いかもしれませんが、体の筋肉と同じように、顔も、鍛えなければなまってしまいます。

「英語ができるようになりたい、話せるようになりたい、と思い、いろいろ試してみたけれど、なかなか力がつかずに不満を感じている」、「ある程度の英語はわかるのだが、どうしてもそれ以上伸びない」、「日常的な会話ぐらいなら何とかなるのだが、流暢というには程遠い」、そんなあなたにとって、この本でご紹介するトレーニングプログラムは突破口となるはずです。英語は、歌やスポーツと同じ、実技です。頭で

知識として覚えているだけでは駄目で、実際に使えるように、口や舌が滑らかに自在に動くように訓練する必要があります。歌を歌う前に体をほぐして発声練習をするように、あるいは、スポーツ上達のためには、柔軟体操や基礎訓練で瞬発力や持久力をつけるように、英語が使えるようになるためには、基礎トレーニングが必要なのです。

英語の上達以前に、そもそも、普段、日本語でどんな話し方をしているか、振り返ってみてください。次の中で、思い当たることがありますか。

- 普段、あまり人と話すことが多くない。
- そう言えば、日本語の発音も明瞭でない方だ。
- ふと気がつくと、口が半分開いていることが多い。
- 表情たっぷりに話すことは少ない。
- 最近大笑いしていない。

ひとつでも思い当たる人は、口の周りの基礎筋力作りとして、この本で紹介するフェイス・エクササイズを、特に丁寧に行ってください。3カ月後には、英語が上手になるだけでなく、はつらつとした、魅力的な顔つきになり、性格まで変わるかもしれませんよ。

この本では、顔と口の筋肉を鍛えるフェイス・エクササイズと発声の練習をしながら、英語の音声に慣れていく訓練を紹介します。筆者自身が、これまで、アマチュアの合唱団で経験した発声法とイギリスで受講したボイス・トレーニングのポイントを、英語学習に応用して3カ月トレーニングプログラムとしてまとめてみました。このプログラムに従って、毎日少しずつ訓練をすれば、3カ月後には、今とはまったく違う顔になって、英語が快く耳に響き、深く豊かな英語らしい発音ができるようになります。魅力的な声になり、日本語でのコミュニケーションにも自信がつき、人生が明るくなるでしょう。美容と健康にも効果が期待できます。是非、たくさんの人にこのトレーニング法を試していただきたいと思います。

本書の3カ月トレーニングには、効果抜群の英語トレーニングを組み込んであります。コミュニケーション重視とか、英語をシャワーのように浴びる、といった考え方を間違って解釈し、ブロークンでも通じればよい、とか、大まかな意味がつかめれば

それでよい、と思って英語の勉強をしている人。それでは、本当の英語の力はつきません。もちろん、たくさんの英語に触れることも大切です。実際のコミュニケーションで通じないようでは困ります。でも、それは、いい加減な勉強法でよい、ということにはなりません。英語の達人と言われる人の学習法を聞くと、皆必ず、がむしゃらに覚えたとか、何度も繰り返した、と言っています。こうした達人たちの知恵を借りて、本書では、一週間のサイクルで、何度も同じ英文を繰り返し聞き、英語を自分の体の一部にすることを目指します。ちょっと聞いてわかったから他の教材に移ってしまう、一回シャドーイングをして、大体できたから、おしまい、という態度は改めて、今から3カ月、徹底的に素材を使い尽くす貪欲な英語学習をしていきましょう。そうすれば、今まであなたの中で眠っていたたくさんの英語の知識が活性化され、必要な場面ですぐに口をついて出てくる、実際に使える技能として、活きてきます。

　また、英語学習自体を最終目的にするのではなく、英語を使って何がしたいのか、何を知りたいのかを考えてください。あくまでも英語は道具です。あなたの最終的な目的を達成するために、情報を得たり、伝えたりするための道具としての英語の力をつけるのだと思ってください。英語学習自体を目的として、受験用参考書などに見られる脈絡のないばらばらの例文をひたすら覚えたり、意味もなく、単語の羅列を丸暗記しようとするのでは、学習そのものも長続きしませんし、限られた人生を無駄にしてしまうことになります。この本では、できる限り内容のある素材を採用しました。読んだり聞いたりして、ためになるもの、感動するもの、楽しいものをできる限り練習素材として集めてみました。これらを繰り返し読んだり聞いたりして練習する中で、英語が使えると、こんなにも知識を増やすことができ、視野が広がっていくのだ、ということを、身をもって体験してほしいからです。

　最後に、この本を出版する機会を与えてくださった研究社の佐藤陽二さんに深くお礼を申しあげます。遅々として進まない執筆の過程の中、適切なときに励ましと助言をいただきました。また、英語の素材の提供を始め、常に支えとなってくれた最良の友人である人生のパートナー、ジョン・ブレイに心から感謝します。

2006年9月
小林美代子

もくじ

序　章　トレーニングを始める前に　1
第1章　英語の発声法　11
第2章　フェイス・エクササイズで「英語顔」を！　17
第3章　英語のリズムを体得しよう！　29
第4章　英語のトレーニング　43

英語トレーニング実践編　65
　英語トレーニング実践編の構成　66
　一週間サイクルワークシート　68
　キーワード聞き取り用チェックリスト　121
　書き取り用ワークシート　135
　英文素材スクリプトと訳　149
　フレーズ読み用スクリプト　177
　シャドーイング用スクリプト　205
英語顔を作る3カ月ダイアリー　220
終わりに　224

コラム

英語のリズム　32

英語の語順のままに理解するフレーズ読み　55

シャドーイングの極意　60

テーマ別学習のススメ　62

CDの収録内容と使い方

付属のCDの収録内容は次の通りです。

CD Track 2:	第1週目用素材
CD Track 3:	第2週目用素材
CD Track 4:	第3週目用素材
CD Track 5:	第4週目用素材
CD Track 6:	第5週目用素材
CD Track 7:	第6週目用素材
CD Track 8:	第7週目用素材
CD Track 9:	第8週目用素材
CD Track 10:	第9週目用素材
CD Track 11:	第10週目用素材
CD Track 12:	第11週目用素材
CD Track 13:	第12週目用素材
CD Track 14:	第13週目用素材
CD Track 15:	第1週目用素材（フレーズ読み）
CD Track 16:	第2週目用素材（フレーズ読み）
CD Track 17:	第3週目用素材（フレーズ読み）
CD Track 18:	第4週目用素材（フレーズ読み）
CD Track 19:	第5週目用素材（フレーズ読み）
CD Track 20:	第6週目用素材（フレーズ読み）
CD Track 21:	第7週目用素材（フレーズ読み）
CD Track 22:	第8週目用素材（フレーズ読み）
CD Track 23:	第9週目用素材（フレーズ読み）
CD Track 24:	第10週目用素材（フレーズ読み）
CD Track 25:	第11週目用素材（フレーズ読み）
CD Track 26:	第12週目用素材（フレーズ読み）
CD Track 27:	第13週目用素材（フレーズ読み）
CD Track 28〜42:	リズム練習

序章
トレーニングを始める前に

このトレーニングプログラムをお勧めするのは、次のような人です。

- 学校では英語の成績はよかったのだが、話したり聞いたりするのは苦手。
- 大学受験のためにたくさん単語を覚えたのに、全然役に立たない。
- 目で見ればわかる単語なのに、音声で聞くとわからなくなってしまう。
- 英語の音声が次から次に聞こえてくると、わけがわからなくなってしまう。
- 英検2級程度、TOEIC700点程度の基礎的な英語力はあるのだが、話せない。

ある程度英語の基礎的な知識はあるのだけれど、実戦で使える英語になっていないと感じる人、真面目に勉強してきたのだが、音声になると、どうしても大きな壁にぶち当たってしまったようで、話したり、聞いたりするのが苦手だという人。そんなあなたは、このトレーニングプログラムで、その壁を打破できます。このプログラムは今あなたが持っている潜在的な知識を実戦力に変換していきます。

逆に、英語の基礎的文法がわからない、基本的な単語もあまり知らないという人は、活性化すべき潜在的な知識そのものがないことになりますので、目を見張るような効果はすぐには見られないかもしれません。まずは基礎力をつけるために、高校レベルの参考書で文法や英語の構文、単語の学習をしっかりと行うことを是非ともお勧めします。

何をするにも、目標をしっかりと設定し、自分の現在の力を客観的に捉えた上で、日々の努力の成果を振り返ることができると、大きく前進します。このプログラムでは、トレーニング前の力をまず記録してもらいます。そして、毎週、自分の英語を録音して、聞き直すことで、自分の成長の過程をしっかりとつかんで、次のトレーニングに励んでもらいます。このようにして、自分の英語が少しずつよくなっていくのを確認できると、やる気も湧いてきますし、大きな自信にもつながります。

3カ月プログラムの内容と流れ

このトレーニングプログラムは、3カ月間、毎日、下のチャートにある4つの内容をこなしていきます。それぞれについては、次の章以下に詳しく説明してあります。

1. タオル絞り（呼吸法と発声練習：約6分）＜chapter 1　p.11＞

英語らしく聞こえる声を作るための基礎トレーニング、呼吸法と発声練習をします。

▼

2. フェイス・エクササイズ（約10分）＜chapter 2　p.17＞

英語の音がしっかり出せるような顔の筋肉トレーニングをします。

▼

3. リズム練習（約5分）＜chapter 3　p.29＞

英語のビートに乗るための練習です。

▼

4. 英語トレーニング（約10分〜20分）＜chapter 4　p.43＞

最後に、英語を繰り返し聞き、話す練習をします。

それぞれの所要時間は、5分から10分程度（英語のトレーニングはもう少し長くなることもあります）、合計で30分から1時間程度ですが、**毎日欠かさず、続けることが大切**です。トレーニングを一日の日課の中にうまく取り込むとよいでしょう。忙しい人は、通勤・通学途上の時間を利用したり、洗面や入浴の時間、起床や就寝前後の時間もうまく活用してください。また、全部のエクササイズを毎日こなすのが難しい人は、一日分を半分に分けて、一日交替にトレーニングしてもよいでしょう。英語のトレーニングでは、聞く英語の量を半分にしても構いません。要は、**3カ月間、毎日、少しでもいいですから、欠かさず続けること**です。

　巻末に毎日のトレーニング状況を記録するダイアリーがついていますので、毎晩、寝る前に一日の練習具合を記録する習慣にしましょう。3カ月後、このダイアリーがぎっしり埋まる頃、あなたの**顔つき**もあなたの**英語**も、すっかり**見違えるようになっている**ことでしょう。声にハリとツヤが出て、人前で話すことにも自信がついてくるはずです。

トレーニングダイアリーの使い方

　トレーニングダイアリーに、毎日のトレーニング状況を記録していきましょう。毎日、このダイアリーに、「やった」という足跡を記していくことで、3カ月後のゴールに向けて一歩一歩近づいているのが目に見えてきます。目標に対して、どの程度できたかを、下の例を参考に記録していきます。何を「完璧」とするかについては、それぞれの状況に応じて決めてください。本書のプログラム通り、すべてをしなければいけないわけではありません。それぞれの体力や目的に応じて、フィットネス・プログラムを組み立てるように、トレーニング開始前の英語力、到達目標、練習に使える時間等に応じて、一日の目標を設定してください。どうしても時間が取れない人は、このプログラムの半分の量を100%としてもよいでしょう。また、余力のある人は、扱う英語の量を増やしたものを100%としても構いません。要は、自分が設定した一日の目標を達成できたかどうかで、判断しましょう。

　　　□　　　　　◿　　　　　⊠
　　サボリ　　半分くらい　　ほぼ完璧

～3日坊主に終わらせず、長続きさせるコツ～

★ 目標を明確に

なぜあなたは、英語が上手になりたいのですか？漠然と、何となく格好よさそうだから、ではなく、好きな俳優の英語が聞き取れるようになりたい、英語のニュースをゆとりを持って聞けるようになりたい、といった具体的な目標があると、頑張れます。

★ 毎日、小さな目標を設定しましょう

具体的で、達成可能な目標を立てましょう。昨日できなかったこの部分を滑らかに発音できるようにしたい、週の終わりまでにはこの単語5つを絶対に覚える、というようなものがよいでしょう。

★ エクササイズやトレーニングを毎日の日課にしましょう

毎日同じ時間に同じことをするよう習慣づけるとよいでしょう。起床前・就寝前、入浴時、洗面のとき、通勤・通学の途上など、探せば小さな時間はたくさんあります。

★ 毎日、記録をつけて、自分が成長していく過程を楽しみましょう

トレーニングダイアリーに記録しながら、一日前、そして一週間前と比べてどんなところがよくなったか、振り返ってみましょう。

★ 自分にご褒美を

自分に厳しくということも大切ですが、そればかりでは長続きしません。たとえば、トレーニングを全部できなかった自分を叱るより、少しでもできたらそのことを褒めましょう。次の日に頑張ればよいのですから。

トレーニングを始めるにあたって用意するもの

＊カメラ

　トレーニングを始める前とトレーニング後で、どんな風に顔つきが変わるか比較するためです。

＊タオル　30cm角程度の大きさのハンドタオル。

　これでは物足りない人は、浴用タオル（30cm～80cm程度のもの）でも可。呼吸法・発声法の訓練で使います。雑巾を絞るようにしっかり絞ることで、おなかに力が入り、理想的な発声法ができるようになります。

＊CDプレーヤー（できればヘッドフォンも）

　付属のCDを聞くための再生装置は欠かせません。ヘッドフォンがあると、聞き取りに集中できるので、お勧めです。

＊録音装置（ICレコーダー、MDレコーダーなど）

　このトレーニングプログラムでは、練習しているところをたくさん録音してもらいます。自分の発音や発声法を聞くことで、自分の弱いところ、改善したいところを知ることができます。また、自分の発音とCDの発音を聞き比べることで、目指す目標ができます。トレーニングを始める前と3カ月経ったトレーニング後では声のハリが見違えるほど違ってくるのがわかるでしょう。是非、その日を楽しみに、頑張ってください。

　ほとんどのトレーニングは、道具を必要とせず、いつでも、どこでもできます。英語のトレーニングも、携帯プレーヤーなどを使えば、通勤・通学途上の時間を有効利用できます。

プログラムを始める前に

　これから、3カ月間のトレーニングを始める前に、今のあなたの実力を記録しておきましょう。そして、3カ月後にどれだけ変化したか比べるのを楽しみにしていてください。

1．顔の診断

　まず、今あなたが、どんな顔をしているか、記録しておきます。友だちや家族に、正面と横から、写真を撮ってもらってください。そのとき、絶対に、ポーズはしないで、なるべく自然な姿を撮ってもらうこと。一番よいのは、あなたが気づかないうちに、スナップ写真を撮ってもらうことです。よくスナップ写真を撮られて、「えっ、私こんな顔しているの？　やだぁ〜」などと思ったこと、ありませんか？　テレビを見ているとき、電車を待っているとき、電車の中で座って本を読んでいるときなど、何も意識せずに、自然にしているときにどんな顔をしているか、客観的に把握しておいてください。トレーニング後、顔全体がすっきりして、びっくりすることでしょう。

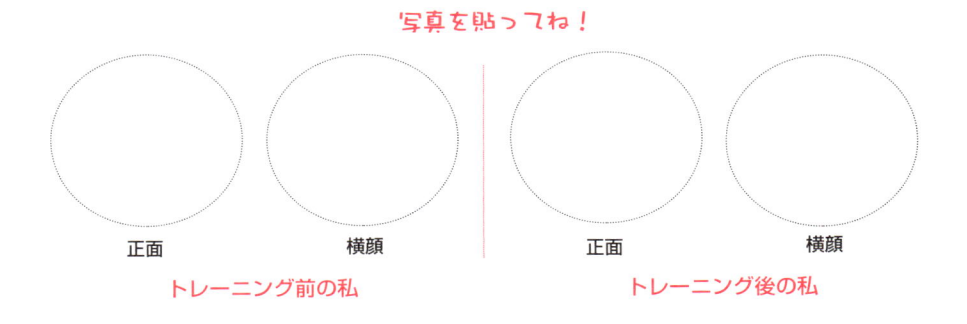

写真を貼ってね！

| 正面 | 横顔 | 正面 | 横顔 |

トレーニング前の私　　　　　　　トレーニング後の私

2．英語力の診断

　次に、英語の力を測ります。トレーニング前とトレーニング後に次ページのテストをして、トレーニングの効果を見てみましょう。トレーニング前は、答えを確認せずに、やりっぱなしにしておいてください。3カ月のトレーニング後に、同じテストに解答したあと、答えを確認して、トレーニング前とトレーニング後の得点を比較します。どのぐらい単語力が伸びているか、お楽しみに。

英語テスト

1. トレーニングを始める前に、下の単語テストをします。制限時間は20分です。
2. 答え合わせはせずに、そのままトレーニングを始めてください。
3. 3カ月のトレーニング終了後、もう一度テストをします。
4. p.219の解答を確認して、採点します。
5. トレーニング前とトレーニング後の成績を比べましょう。

＜トレーニング前＞

	意味		意味
1. accurate		2. advantage	
3. behave		4. bored	
5. collapse		6. combine	
7. conductor		8. contempt	
9. confidence		10. confirmation	
11. considerate		12. creature	
13. deliberate		14. direction	
15. emotion		16. exhausted	
17. explore		18. faithful	
19. hedgehog		20. inanimate	
21. indignation		22. innocent	
23. instinct		24. lettuce	
25. mortality		26. obey	
27. passion		28. patiently	
29. persistence		30. prize	
31. purpose		32. queue	
33. scornful		34. shortage	
35. spacious		36. tortoise	
37. treat		38. upset	
39. vaguely		40. yield	

＜トレーニング後＞

	意 味		意 味
1. accurate		2. advantage	
3. behave		4. bored	
5. collapse		6. combine	
7. conductor		8. contempt	
9. confidence		10. confirmation	
11. considerate		12. creature	
13. deliberate		14. direction	
15. emotion		16. exhausted	
17. explore		18. faithful	
19. hedgehog		20. inanimate	
21. indignation		22. innocent	
23. instinct		24. lettuce	
25. mortality		26. obey	
27. passion		28. patiently	
29. persistence		30. prize	
31. purpose		32. queue	
33. scornful		34. shortage	
35. spacious		36. tortoise	
37. treat		38. upset	
39. vaguely		40. yield	

トレーニング前得点	トレーニング後得点	上昇率
/40点	/40点	点

3．発音診断

　最後に、今のあなたの発声法を記録しておきましょう。次の日本語と英語の文章を、最も自然と思われる読み方で音読し、それを録音し、大切に保存しておいてください。同じ文章を3ヵ月後にも朗読して録音します。**3カ月後、見違えるような発声**になっていて、きっとびっくりしますよ。

＜日本語のパッセージ＞

山路(やまみち)を登りながら、こう考えた。
智に働けば角(かど)が立つ。情に棹(さお)させば流される。意地を通せば窮屈だ。とかくに人の世は住みにくい。住みにくさが高じると、安い所へ引き越したくなる。どこへ越しても住みにくいと悟った時、詩が生れて、画(え)が出来る。

　人の世を作ったものは神でもなければ鬼でもない。やはり向う三軒両隣りにちらちらするただの人である。ただの人が作った人の世が住みにくいからとて、越す国はあるまい。あれば人でなしの国へ行くばかりだ。人でなしの国は人の世よりもなお住みにくかろう。　　　（夏目漱石「草枕」）

＜英語のパッセージ＞

ALICE was beginning to get very tired of sitting by her sister on the bank and of having nothing to do: once or twice she had peeped into the book her sister was reading, but it had no pictures or conversations in it, "and what is the use of a book," thought Alice, "without pictures or conversations?"
So she was considering, in her own mind (as well as she could, for the hot day made her feel very sleepy and stupid), whether the pleasure of making a daisy-chain would be worth the trouble of getting up and picking the daisies, when suddenly a White Rabbit with pink eyes ran close by her.
　　　　　　　（Lewis Carroll　*Alice's Adventures in Wonderland*）

第1章

英語の発声法

タオル一本で英語の呼吸法を身につけよう！

英語らしい発音をするためには、一つ一つの細かい発音よりも、正しい呼吸法と発声法を身につけることが大切です。ここでは、腹式呼吸で、お腹の底から、息を出す練習をします。筆者は長年、アマチュアの合唱団で歌ってきましたが、歌うための発声訓練が、英語らしい発音をする訓練にも役立つことに気がつきました。また、長年、イギリスで暮らしましたが、あるとき、ボイス・トレーニングのコースを受講する機会がありました。ここで、ボイス・プロジェクション (projection) ということを覚えました。プロジェクションというのは、プロジェクタという言葉でもわかるように、文字通りには、スライド映像などの「投影」という意味ですが、光が遠く離れたスクリーンに映像を映し出すような感じで、声を遠くまで届かせることを言います。特にイギリスでは演劇がとても盛んで、学校でも課外活動として、小さい頃から、遠くまで通る声を出すことを訓練します。きちんとした発声法を身につけると、遠くまで響く、豊かな声が出せるようになり、英語らしい発音ができるようになります。カラオケや歌もいつの間にか上手になっていることでしょう。ちなみに、ボイス・トレーニングの先生の首が、とても長く、すらりとしていたのですが、その先生によると、「(発声の) 訓練で、ある程度長くなるもの」とのことでした。

準備体操

まず、仰向けに横になります。目をつぶって、自分の呼吸に意識を集中します。お腹が自然に上下していますか？もっとわかりやすくするために、薄手の本をお腹に乗せて、自然に呼吸をしてみましょう。本がゆっくり波に浮かぶように上下していれば、腹式呼吸ができていることになります。

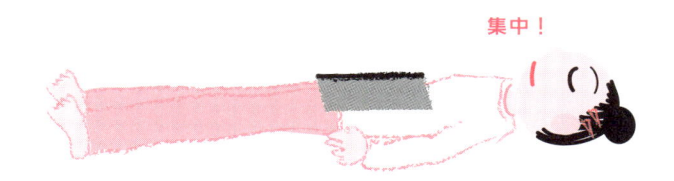

集中！

1.　深呼吸＝10秒×5回

　そのままの状態で、深呼吸をします。息を深く吸って、そしてこれ以上吸えないくらい一杯に吸ったら、今度は力いっぱい吐き出します。ゆっくり10秒ぐらいかけて、息を吐いてください。この深呼吸を5回繰り返します。

2.　ハミング＝10秒×5回

　次は、ハミングをします。口をしっかりと閉じて、自然に、ゆっくりとお腹の底から、息が続く限り、「ンー」とハミングしてみてください。頭全体に音が響いているのがわかりますか。特に鼻の辺りがムズムズするようであれば、きちんとしたハミングができていることになります。1回10秒ずつ、5回繰り返します。

3.　発声＝10秒×5回

　十分にハミングしたら、少しずつ声を出していきます。自然にゆっくりとお腹の底から、今度は、「アー」と言ってみましょう。あくまでも自然に。普通の声を出そうとするのではなく、ホッとしたときのため息や「あー、いい気持ち」と言うときの「あー」という声をイメージしてください。この声の質を忘れずに。これも、5回ずつ繰り返します。以上の呼吸法と発声法の練習を、毎朝起きる前または夜寝る前の、毎日の習慣にするとよいでしょう。

タオル体操

1.　深呼吸　　　　10秒×5回
2.　ハミング　　　10秒×5回
3.　発声　　　　　10秒×5回

　準備体操ができたら、次はタオルを使ったトレーニングを始めます。
　適度な大きさのタオルを用意します。ちょうど雑巾を絞るときのように、両手を使って、ぎゅっと絞ったとき、絞り甲斐のあるものがよいでしょう。だからと言ってあまり厚ぼったくて絞りにくいのも困りますので、自分でほどよい絞り具合のタオルを見つけてください。
　両足を30センチぐらい離して、しっかりとお腹に力を入れて立ちます。乾いたままで構いませんので、雑巾を絞るときのように、お腹の前で、自分の呼吸に合わせて、

両手でしっかりとタオルを絞ってください。タオルをギュッと絞りながら、横になってしたときのように、**1. 深呼吸、2. ハミング、**そして**3. 声を出す練習**をします。それぞれゆっくりと10秒かけて、5回ずつ行います。声を出すときには、「ア」「エ」「イ」「オ」「ウ」と少しずつ、口の形を変えてみましょう。ギュッと絞るときにお腹の底から息を出すようにするのがコツです。喉からの声にならないよう、くれぐれも気をつけて、お腹の奥から深い声を出しましょう。フクロウの「ホー」という鳴き声を知っている人は、それをイメージするとよいでしょう。

大きな「ささやき声」

　今度は、大きな「ささやき声」を出す練習です。これは、**英語らしい発音の鍵となる子音を強く出す訓練**になります。

　強い息をお腹の底から出す感覚を保ったまま、「静かに」というときに出す「シーッ」という音を出してみましょう。声は出さずに息だけで音を出せますか？　3メートルぐらい離れた人に聞こえるぐらいのつもりで、タオルを絞りながら、強く/ʃ/の音を出します。これを5回繰り返します。

　次は、単語や文を言ってみましょう。"Go"とか"Come here.""No""Quiet""Quick""Help!"など、短い、よく知っている単語や文を、子音だけで、声を出さずに、1メートルぐらい離れた人に聞こえるように「ささやいて」みましょう。できるだけ違う単語を5つ、それぞれ2回ずつ繰り返します。母音ではなくて、最初の子音を強く出すことがポイントです。そうでないと、ささやき声は1メートル先まで届きませんよ。

　2週間、3週間と練習を続けて、慣れてきたら、もう少し長い文を言ってみましょう。"Sorry I kept you waiting.""Can you hear me?""It's very cold, isn't it?""Can you help me?"など、ごく馴染みのある語句や文がよいでしょう。文になったときには、特に単語の最初の子音を思いっきり強く出すことを忘れずに。

　毎日のエクササイズはここに紹介した準備体操とタオル体操がきちんとできれば十分ですが、ときどき変化をつけて、次の章で説明する顔のエクササイズをしながら英語の子音を発音する練習をしてみるとよいでしょう。お腹からしっかり出す感覚を思い出すことができます。また、あとで紹介する英語のトレーニングのときにも、英語の音声を聞きながら英語のリズムに合わせて、タオルを絞って

みるとリズムが面白いように体得できます。まずは聞きながら、次に一緒に声を出しながら。

　特に最後の子音を強く出す「ささやき声」の練習は、これから3カ月間、英語のトレーニングをするときいつも思い出してください。また、第4章で説明する英語のトレーニングで英語を読むときに、声を出さずに「ささやき声」で読むのも子音をしっかり出すためのとてもよい訓練になります。録音した「ささやき声」がきちんと聞こえるようであれば、しっかり子音の発音ができていることになります。子音を力強く発音できるようになると、ずっと英語らしく聞こえるのが、録音した自分の声を聞いてはっきりわかることでしょう。

〜普段の生活の中で〜

＊力強い、ハリのある声をお腹の底から出すためには、腹筋を鍛えることも大切です。腹筋体操を就寝前、起床前の習慣にしましょう。

　1. 仰向けになって横になった状態から、ゆっくり上半身を起こす（10回）
　2. 仰向けになって、電話帳などをお腹の上に乗せて深呼吸をする（5回）

＊腰掛けるときには、ドシンと座るのではなく、ゆっくりと、中腰になるように、静かに腰を落としましょう。ゆっくりした動作は、思いの他、筋肉を使い、よい運動になります。見た目もとても優雅ですよ。

＊電車の中などで立っているときには、ドアに寄りかかったり、つり革にダラッとぶら下がるのではなく、背筋を伸ばし、下腹にしっかりと力を入れて、バランスを取るようにして立ちましょう。知らないうちに腹筋が鍛えられ、姿勢もよくなります。

＊電車やバスを待っているときや、車内で立っているとき、準備体操で紹介した深呼吸やハミングの練習をするのもよいでしょう。

＊寝つきの悪い人、睡眠が浅い人は、就寝前に、準備体操（特に深呼吸）を十分にすると、一日の疲れも取れて、リラックスしてよく眠れますよ。

第2章
フェイス・エクササイズで「英語顔」を！

英語の発音は、日本語の発音に比べて口を大きく開けたり、動かしたりします。特に英語の子音は日本語に比べて、ずっと強い息を出したり、破裂させたりするので、英語らしく聞こえるようにするためには、まず、細かい個々の発音法を練習するよりも、もっと口の周辺の筋肉を鍛えて、強い音を出せるようにすることが肝要です。ダンスをするとき、個々のステップの細かい技術がどんなに正確にできていても、背中が曲がり、体全体の身のこなしができていなければ台無しなのと同じです。

　ここに紹介するエクササイズを、本当は全部、毎日実施してほしいところですが、毎日全部に取り組む時間は取れない、という人は、それぞれのエクササイズの半分ずつを一日交替でするようなプログラムを組み立てても構いません。また、忙しい人用に、時間を活用する、代わりのエクササイズのヒントもつけてありますので参考にしてください。このトレーニングで大切なことは、少しでもいいですから必ず毎日継続して練習することです。体の筋肉を鍛えるのと同じで、一週間に一度だけたくさんやるよりも、毎日継続する方が効果があります。全部やっても10分程度。半分なら5分。通勤・通学途上の時間や入浴の時間を利用すれば、あっという間にできてしまいます。まずは、3ヵ月、見違えるような英語顔を目指して、頑張ってみませんか。たるみをなくし、顔がすっきりしますよ。

＜トレーニングの手順（約10分）＞

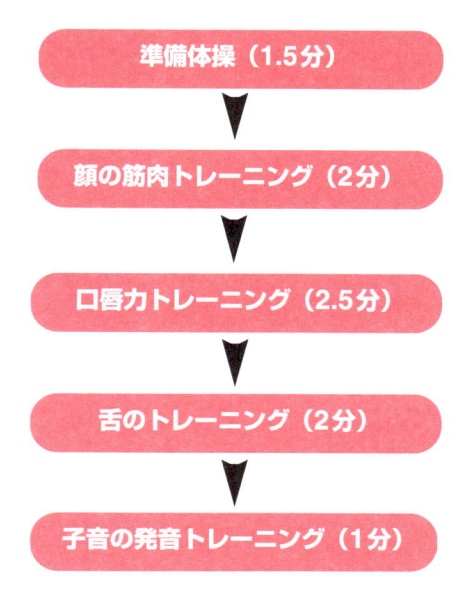

```
準備体操（1.5分）
    ▼
顔の筋肉トレーニング（2分）
    ▼
口唇力トレーニング（2.5分）
    ▼
舌のトレーニング（2分）
    ▼
子音の発音トレーニング（1分）
```

> ✌️ **ポイント**
>
> 🖍 心身ともにリラックスして、ゆっくり動かす
>
> 🖍 数えるときにはゆっくりと、1秒に「ひとつ」ぐらいの速度で。
>
> 🖍 伸ばしたり、縮めたりしている筋肉を十分に感じながら。

準備体操

1. 首の運動

　ゆっくり10数えながら首を大きく回します。これを右回り・左回りそれぞれ3回繰り返します。凝って固くなっているところを十分にほぐすつもりで。

右回り　　　　　左回り

2. 顔の伸縮

★ ＜縮める＞鼻の中心に顔の筋肉を全部集中させるようなつもりで、思いっきり唇を尖らせ、目もつぶります。くしゃくしゃにすぼめた状態で、ゆっくり5つ数えます。

★ ＜伸ばす＞次は顔の筋肉を思いっきり伸ばします。口を大きく開け、眉を一杯に上げ、目をかっと見開きます。その状態でゆっくり5つ数えます。

★ 縮める、伸ばす、を交互にゆっくり3回繰り返します。

縮める　　　　　伸ばす

自分の顔を鏡でみたら、物凄い形相にびっくりするかもしれませんが、普段使っていない筋肉をほぐすとてもよい準備体操です。普段あまり顔の筋肉を使っていない人は、これだけでも、結構いい運動になるはずです。もし、疲れるようでしたら、最初はあまり無理をせずに、少しずつ慣れていってください。

週末など、時間のあるときには

* ストレスが溜まっている人、肩こりのひどい人には特にお勧めです
* 湯船につかりながらすると、最高ですよ。心身のリラックスになります。

1. ゆっくり5つ数えながら首を横に倒します。反対側の肩を下げるようにして、首筋を伸ばすとよいでしょう。倒した状態で5つ数えます。5つ数えながら首を元に戻します。これを左右3回ずつ行います。

2. ゆっくり5つ数えながら左に顔を向けます。これ以上回らないところまできたら、そのまま5つ数えます。5つ数えながら顔を正面に戻します。これを左右3回ずつ繰り返します。これは、首のしわを取るのに非常に効果的です。

3. ゆっくり5つ数えながら首を前に倒します。倒した状態で5つ数えます。5つ数えながら首を元に戻します。これを前後3回ずつ行います。

フェイス・エクササイズで「英語顔」を！

顔の筋肉トレーニング

準備体操で顔の筋肉がほぐれたら、次は、さらに筋肉を鍛える運動です。この運動をするときには、最初は、鏡を用意して、確認しながら行うとよいでしょう。

★ 口を思いっきり大きく開けて、ゆっくり3つ数えながら、「アー」「エー」「イー」「オー」「ウー」という口の形をしてください。「イー」のときには、両頬の筋肉が引きつれるくらい横に大きく、「ウー」のときには唇をギュウッと前に突き出し、「アー」や「オー」のときには下顎が大きく下に下がっているかどうか、自分の口の動きを鏡で確かめてください。これを5回繰り返します。

★ 口の中の息をいっぱいに吸って、両頬をへこませます。ゆっくり5つ数えたら、元にもどします。これを3回繰り返します。

★ 口を閉じたまま、奥歯をしっかりと噛みしめて、ゆっくり5つ数えます。5つ数えたら、力を緩めて、休憩します。これを3回繰り返します。

最近の日本人の食生活では、柔らかい食べ物が多いので、顎や頬の筋肉があまり鍛えられていません。普段の食事で、あまりゆっくり噛んでいない覚えのある人は、奥歯を嚙む運動を特に丁寧にしてみましょう。横顔がすっきり見違えるようになりますよ。

口唇力トレーニング

　次は子音を強く出せるようにするための唇と口の周りのエクササイズです。日本語は母音を中心とすることばなので、子音はあまり強く発音しませんが、<u>英語は子音が命</u>です。唇と口の周りの筋肉が鍛えられていないと、強い音は出ません。特に、普段口を半開きにしたままのことが多い人は、口の周りの筋肉がかなり「なまって」いるはずですので、頑張ってください。<u>口唇力を鍛えることで、万病のもとである口呼吸を防ぎ、顔全体のたるみ防止にも役立ちます。</u>

1. 唇をしっかり閉じたまま、口の中一杯に息をためます。両頬が風船のように膨らんでいますか。次に、その息を口の中のあちこちに動かしていきます。まずは右頬、左頬、上唇、下唇、両唇とそれぞれゆっくり3回ずつ膨らませます。両唇に向けて空気を押し出そうとするとき、唇をきゅっと結んで、抵抗してください。このエクササイズは、小顔効果も期待できますので、是非、毎日続けましょう。

2. 次は、口の周りの筋肉を鍛えます。この練習は、「w」の音をしっかり出すために効果があります。唇をすぼめ、口を尖らせて、「ウ」の形をします。この形から、ゆっくり「ウーワア」というように、「ア」までもっていきます。再びもとの形にして、今度は、「ウーウィ」「ウーウォ」「ウーウェ」という風に、ゆっくり「イ」「オ」「エ」まで口を動かします。それ

ぞれ3回繰り返します。「ア」や「イ」など、最後の口の形は、筋肉トレーニングを思い出しながら、できる限り一杯に開きます。これだけでも、普段、口をあまり動かしていない人は、結構きついかもしれません。

慣れてきたら、この練習の応用として、"week" "went" "we" "which" "want" "wall" など、"w" の音で始まる単語も合わせて発音練習してみましょう。唇をしっかり尖らせてから声を出すと、英語の「w」の音らしく聞こえてきます。

3. 唇を閉じたまま、ニコニコマークのように口角を左右の頬一杯に持ち上げ、ゆっくり5つ数えます。ゆっくりと普通の口の形に戻します。次に、5つ数えながら、左の口角を左頬一杯まで持ち上げ、その状態で5つ数えます。左が終わったら、今度は、ゆっくり右の口角を右頬一杯まで持ち上げて、そのままの状態で5つ数えます。これを3回繰り返します。この運動は、頬をすっきりさせる効果があります。

忙しい人、つい練習を怠りがちな人は…

★朝晩の歯磨きのときに、口の中に水を溜めたまま10回ブクブクする。

★歯ブラシをくわえたまましっかり口を閉じて、ゆっくりと30回歯ブラシを引っ張る。

★あまりお行儀はよくありませんが、インターネットやメールチェックなどをしているときに、口でペンや鉛筆をくわえて、左右、上下に動かしたり、ぐるぐる回しをする。つい口をぽかんと開けて作業をすることが多い人は、これだけでも、口唇力がかなり鍛えられますよ。

★ヨーグルトをストローで吸う。これも、口の周りの筋肉を鍛えるのに、非常に効果的です。

舌のトレーニング

　英語の音をしっかり出すためには、口唇力だけでなく、舌の筋肉も鍛える必要があります。

★口を閉じたまま、歯の外側をなぞるように舌をゆっくりと、10秒ぐらいかけて、1回転させます。右回り・左回り、それぞれ3回繰り返します。

★口を閉じた状態で、舌で左頬をゆっくり5回強く突きます。舌の付け根が痛くなるぐらい一杯に突いてください。これを左右3回繰り返します。

★鼻の頭を舐めるぐらいのつもりで、カメレオンのように舌を一杯に突き出し、5つ数える。これを3回。

★ゆっくり5つ数えながら、顔を一杯に上に向けます。そのままゆっくり下唇を上に持ち上げ、5つ数えます。次に、舌をできる限り上に伸ばすように突き出し、また5つ数えます。最後にゆっくり5つ数えながら、顔を元に戻します。これを3回繰り返します。この運動は、2重あごをすっきりさせるのにも役立ちます。

★舌をしっかり鍛えることで、英語だけでなく、日本語も、明瞭で、きれいな発音になります。また、歳を取ったときに、舌がもつれるような話し方になるのを防いだり、喉に食べ物がつかえたりすることを予防するそうですので、英語の訓練だけでなく、健康法、長生きのための秘訣にもなります。

★口の中で舌を動かす運動は、他の人に見られてもそれほど恥ずかしくないと思いますので、交通機関で移動している時間などに、そっとしてみてください。さすがにカメレオンは、周りに誰も人がいないときを待ちましょう。

★マイカー通勤の人は、この章のエクササイズの多くを車の中で実践できるでしょう。ただし、くれぐれも安全運転に気をつけて。フェイス・エクササイズは、チョコチョコっとおざなりにするのではなく、リラックスした状態で、伸ばしているところ、縮めているところを十分に感じながら実施してほしいので、運転しながらのエクササイズは、どうしても時間が取れないときだけと思ってください。

子音の発音トレーニング

いよいよ英語の音を出す練習です。ここまでのフェイス・エクササイズで、口の回りの筋肉は、かなり鍛えられてきました。しっかりと筋肉がついてきたら、力強い、英語らしい音が出せるようになります。

両唇をきゅっと結んだ状態で、しばらく息をためたあと、唇を離して、「プ」とも「ブ」ともつかないような音を出してください。これを20回繰り返します。この唇の感覚を忘れないようにして、"p"と"b"の音を発音してみてください。発音する前に、息をしっかりと溜め、音を出すときには強い息が一気に破裂するように出るところがコツです。前の章で練習した呼吸法・発声法を思い出してください。顔の前、30センチから50センチぐらいのところに手をかざして、息を感じられるようであれば、OKです。薄い紙を30センチぐらい離したところにかざして、動くかどうか確認する方法もよく使われます。

t/d/f/v/k/g/tʃ/dʒ/m/n/ts/dz などの音（実際の音は、下の表の単語の例を参照のこと）も基本は同じです。丁寧に息をためてから、息を止めていた部分（音によって、口の中の部位は異なりますが）を離し、一気に息を出します。今まで、日本語式の呼吸で出していたときとはまるっきり質の違う、とても強い音が出ているのを実感できますか。毎日全部の発音練習をするのは大変ですので、pとbの音を出す練習をした後、次のようなスケジュールでそれぞれの音を出す練習をしましょう。それぞれの音を10回ずつ、繰り返します。

		単語の例
1週目	m, n	**me, my, no, not**
2週目	t, d	**to, tea, day, do**
3週目	ts, dz	**cuts, hats, kids, pods**
4週目	k, g	**key, come, go, good**
5週目	f, v	**four, fine, vote, vest**
6週目	tʃ, dʒ	**cheese, chain, jar, job**

また、このように息を破裂させる音の他にも、息の通り道を狭めて出すs/z/ʃ/ʒ/h/θ/ð などの音も、強い息を出す要領は同じです。上のts/dz/tʃ/dʒ/kの音を破裂させて出したあとそのまま息を出し続けてみてください。それが、それぞれ、s/z/ʃ/ʒ/hに近い音になります。θ/ð の音を出すためには、舌を歯と歯の間にはさんで、そこで一旦息を止め、そのまま強く息を破裂させてみてください。こんな風にお腹の底から強い呼気を出すことで英語の音ができていることがわかると、今まで何気なく出していた /s/ の音も、今までとは全然違う質の音になっているのがわかるでしょう。このように音を出すときの口の中の筋肉の感覚と息の強さをしっかりと覚えていってください。上の破裂音同様、次のようなスケジュールでそれぞれの音を特に集中して練習します。

		単語の例
7週目	s, z	**sea, say, zoo, zip**
8週目	ʃ, ʒ	**she, shoe, treasure, pleasure**
9週目	h	**he, hit, hi**
10週目	θ, ð	**think, thigh, this, they**

第3章

英語のリズムを体得しよう！

日本語に比べて、**英語はリズムの言葉**と言われ、強弱がとてもはっきりしています。**強いところは極端に強く、弱いところは聞こえないくらい弱く発音**します。たとえば、日本語では「ポ・テ・ト」とひとつひとつの音をはっきり発音しますが、英語では「テイ」しか耳に残らないような発音になります。もう一つ例を挙げましょう。小さい頃、じゃんけんをして、勝った人が、階段などを「グリコ」とか「チョコレート」と言って、一歩一歩進んでいく遊びをしたことはありますか？　このとき、「チョコレート」で何歩動きましたか？「チ、ョ、コ、レ、ー、ト」と、6歩進みませんでしたか。これは、日本語では、それぞれの音を一つ一つ一拍と数えて、6つの音節があると考えるからなのです。それに比べて、英語のchocolateでは、ほとんど「チョ」しか聞こえないぐらいの発音です。あとの部分は、小さく、「クリッ」みたいな音が付け加わっているだけで、とても6歩も進むような発音ではありません。

　ひとつひとつの発音の正確さよりもリズムの方が大切であるとさえ言われます。日本人が、英語が聞き取れない大きな理由のひとつは、この強弱のリズムに乗れないからで、この**リズムを体得することは英語のリスニングにとって何よりも重要**なことです。

　本書のトレーニングプログラムでは、毎日、英語トレーニングに進む前に、リズム練習のCD (Track 28、29) を聞いて、英語のリズムを体で覚える時間を取ってあります。毎日、次の要領で、練習をしましょう。

　なお、英語のリズムについては、あとのコラムの説明を参考にしてください。

＜リズム練習手順＞

1. 毎日のリズム練習素材（CD Track 28、29）を3回繰り返し聞く。
2. 「リズム練習素材」（テキストp.36～p.41：CD Track 30～42）を3回繰り返し聞く。このとき、強い拍のところで、手をたたいたり、机をたたいたりして、英語の拍子を体で覚える。
3. 次章の英語トレーニングのステップに合わせて、今週の詩歌を適宜、練習する。一緒について言う、自分の発音を録音して聞いてみる、シャドーイングをしてみる（詳細は次の章の説明を参照）など、自在に活用してください。次の英語トレーニングでも説明しますが、同じ素材を何度も繰り返し聞き、発音練習して、自分のものにしていくことが大切です。

CDのリズム教材には、主としてマザーグースというイギリスの伝承童謡や数え歌を集めています。詩歌は抑揚がはっきりしていますので、リズム学習には最適です。欧米の子供たちはこのような童謡を聞いて育ち、英語のリズムや語句を知らないうちに体得していきます。新聞の見出しなどにも、伝承童謡の語句をもじった表現が使われているのをよく見かけます。それだけ、伝承童謡が欧米の人々の生活に深く根づいているのがわかります。

　リズム教材を聞くとき、行の最後の単語に注目してみてください。多くの例で、nightとlight、complainとpain（第4週）のように、単語の最後の部分の音が同じになっているのがわかりますか。これは韻（rhyme）といって、英語の詩歌では大切な要素となっています。

リズム練習CD教材の内容

CD Track 28:　毎日のリズム練習1
CD Track 29:　毎日のリズム練習2
CD Track 30:　第1週目リズム練習素材
CD Track 31:　第2週目リズム練習素材
CD Track 32:　第3週目リズム練習素材
CD Track 33:　第4週目リズム練習素材
CD Track 34:　第5週目リズム練習素材
CD Track 35:　第6週目リズム練習素材
CD Track 36:　第7週目リズム練習素材
CD Track 37:　第8週目リズム練習素材
CD Track 38:　第9週目リズム練習素材
CD Track 39:　第10週目リズム練習素材
CD Track 40:　第11週目リズム練習素材
CD Track 41:　第12週目リズム練習素材
CD Track 42:　第13週目リズム練習素材

英語のリズム

芭蕉の有名な俳句「古池や蛙飛び込む水の音」を見てみましょう。「ふるいけや」の部分は5つの音節がほぼ同じ強さと間隔で発音されます。5・7・5のリズムを●で表すと、次のような感じになります。

ふるいけや　　**かわずとびこむ**　　**みずのおと**
●●●●●　　●●●●●●●　　●●●●●

全部の音が、一つ一つ、ほぼ同じ長さ、強さで発音されていますね。

これに対して、英語訳を見てみましょう。音節の数は、ほぼ5・7・5ですが、それぞれの行で強く読まれるところは3箇所だけで、あとの音節は、とても弱く発音します。ですから、全体に3拍子に聞こえ、とても、5・7・5には聞こえません。

An　old　quiet　pond
・　●　●・　●

A　frog　jumps　into　the　pond,
・　●　●　・・　・　●

Splash !　Silence　again.
●　　●・　・●

日本語と英語ではこのような違いがあることが、納得できましたか。

日本人がよく間違えるのは、日本語のリズムで、次のように、全部の音節を同じような強さで平板に発音してしまうことです。

An　old　quiet　pond
●　●　●●　●

A　frog　jumps　into　the　pond,
●　●　●　●●　●　●

Splash !　Silence　again.
●　●●　●●

これでは、全然英語らしいリズムになっていません。そういえば、自分の英語の発音

に似ているな、と思った人も多いでしょうか。ひどい人は、子音と子音の間に母音を挟んでしまい、frogの代わりに、furoguとか、splashの代わりにsupulashuのような日本語式発音になってしまうことがあります。これでは、英語らしい発音とは程遠いですね。

　音節の数は、5・7・5でも、日本語と英語では、こんなにも読み方が違うことがわかりました。今まで、ひとつひとつの音を丁寧に同じような調子で発音していた人、英語はこんなふうに発音するのだ、ということがわかったでしょうか。この違いを体得できると、英語の聞き取りが飛躍的に楽にできるようになりますし、話すときにも、とても英語らしい響きになります。

　もうひとつ大切なことは、英語では、音楽のリズムのように、強く発音されるところがほぼ等間隔になっていることです。強く発音される音は一拍分とって、ゆっくり発音し、その拍と拍の間に、弱く発音される音をぎゅっと凝縮することになります。文字で見ると、すべての部分を一語一語はっきり発音しなければいけないように思うかもしれませんが、上の俳句の例で見た通り、弱く発音される部分をすばやく発音しないと、英語のリズムになりません。そして、実は、すばやく発音するために、必然的に音がいろいろな形で、変化することになります。語の一部が欠落したり、曖昧な音に変化したり、他の語とくっついて聞こえたりします。英語の音変化について、「Do youをジュと発音する」とか、「get outをゲッラウと発音する」、などといった感じで、一つ一つ取り上げて説明している英語の本がたくさん出回っているようですが、すべて、この強弱のリズムの「弱」の部分で、すばやく発音しなければならないことが原因であるとわかれば納得がいくでしょう。

　通常、弱く発音されるのは、冠詞・前置詞・代名詞・接続詞・助動詞などです。また、進行形を作る**be**，完了形を作る**have**なども、この仲間にはいります。その語だけでなく、句や文の形でまとめて発音練習するとよいでしょう。こういった音の変化については、後の英語トレーニングのところで、聞き取り、書き取り、シャドーイングを通して十分に練習します。

　メリハリのある英語のリズムの波に乗って、弱い部分を滑らかに自然に発音できるようになると、とても英語らしく聞こえますし、聞き取りもびっくりするほど楽になります。今まで聞こえなかったのが嘘のような気さえしてしまいます。まさに「耳からうろこ」の体験をすることでしょう。

毎日のリズム練習1．　(CD Track 28)

　●印を一拍と考え、四拍のリズムをくずさずに、次の例を言ってみましょう。弱い拍のところには▲の記号がありますが、●印の拍の中ですばやく発音するのがコツです。最初はゆっくり、だんだん速度を上げて、普通の英語の速度に近づけましょう。手をたたいたり、机をたたいたりして、拍子を取るとよいでしょう。CDに音声が入っていますので、これを毎日聞いて、一緒に声を出す練習をしてください。

● ● ● ●
One, Two, Three, Four,
One, Two, Three, Four,

●　▲ ●　▲ ●　▲ ●
One and Two and Three and Four
One and Two and Three and Four

▲●　▲　▲ ●　▲　▲ ●　▲　▲ ●
A One and a Two and a Three and a Four
A One and a Two and a Three and a Four

▲●　▲　▲●　▲　▲●　▲　▲●　▲　▲●
A One and then a Two and then a Three and then a Four
A One and then a Two and then a Three and then a Four

● ▲ ● ▲ ●
One and Two and Three...

毎日のリズム練習2. （CD Track 29）

　次も、一拍の中に弱い音をいくつもくっつけて入れてしまう練習です。まず、CDでモデルを聞きます。次に、CDのリズムに合わせて、机をたたいたり、手をたたきながら、母音だけを何度かゆっくり発音します。そのリズムのまま、だんだん前後に弱い音をつけていきます。各行を2回ずつ発音しましょう。弱い音は、軽く添えるつもりで発音するのがコツです。長くなっても、最初母音だけで発音したときと同じ拍の中でおさめるようにします。

　前の章で練習したように、子音がついてきたら、子音を破裂させるように強く発音するのを忘れずに。特に、頭につく子音は大きく「破裂」させ、呼気が、顔の前30センチぐらいまで届くようにしましょう。

イー	オー	エイ
●	●	●
see	or	aim
seem	for	tame
seeming	form	claim
seemingly	former	acclaim
	formerly	acclaimed

英語のリズムを体得しよう！

リズム教習素材

第1週（CD Track 30）
数え歌

One, Two,
Buckle my shoe,
Three, Four
Knock at the door,
Five, Six,
Pick up Sticks;
Seven, Eight
Lay them straight,
Nine, Ten,
A big fat hen;
Eleven, Twelve,
Dig and delve;
Thirteen, Fourteen,
Maids a-courting
Fifteen, Sixteen,
Maids in the kitchen;
Seventeen, Eighteen,
Maids in waiting;
Nineteen, Twenty,
My plate's empty.

第2週　(CD Track 31)
英語式九九（二の段）

Two twos are four,
Three twos are six,
Four twos are eight,
Five twos are ten,
Six twos are twelve,
Seven twos are fourteen,
Eight twos are sixteen,
Nine twos are eighteen,
Ten twos are twenty,
Eleven twos are twenty-two,
Twelve twos are twenty-four.

第3週　(CD Track 32)
数え歌

Magpie, magpie, flutter and flee,
Turn up your tail and good luck come to me.
One for sorrow, two for joy,
Three for a girl, four for a boy,
Five for silver, six for gold,
Seven for a secret ne'er to be told.

第4週　(CD Track 33)
熟睡するには、夕食をほどほどに

To sleep easy all night,
Let your supper be light,
Or else you'll complain
Of a stomach in pain.

第5週（CD Track 34）
フクロウ［英知の象徴］は多くを語らず、耳を傾ける

A wise old owl sat in an oak
The more he heard the less he spoke;
The less he spoke the more he heard,
Why aren't we all like that wise old bird?

第6週（CD Track 35）
朝焼け、夕焼けについての言い伝え

Red sky at night,
Shepherd's delight;
Red sky at morning,
Shepherd's warning.

第7週（CD Track 36）
風向きについての言い伝え

When the wind is in the east,
'Tis neither good for man nor beast;
When the wind is in the north,
The skilful fisher goes not forth;
When the wind is in the south,
It blows the bait in the fishes' mouth;
When the wind is in the west,
Then 'tis at the very best.

第8週（CD Track 37）
田舎の墓地の風景を詠った詩の一節

The curfew tolls the knell of parting day,
The lowing herd wind slowly o'er the lea,
The ploughman homeward plods his weary way,
And leaves the world to darkness and to me.
From "Elegy written in a country church-yard" by T. Gray

第9週（CD Track 38）
イギリスの典型的なブラックユーモアの一例

There once was a lady from Niger
Who smiled as she rode on a tiger
They came back from the ride
With the lady inside
And the smile on the face of the tiger.

第10週（CD Track 39）
自然を賛美したワーズワースの詩

My heart leaps up when I behold
A rainbow in the sky:
So was it when my life began,
So is it now I am a man,
So be it when I shall grow old,
Or let me die!
The Child is father of the Man;
And I could wish my days to be
Bound each to each by natural piety.
W. Wordsworth

第11週（CD Track 40）
誘惑に負けまいとする謎めいた幻想的な詩

The woods are lovely, dark, and deep
But I have promises to keep,
And miles to go before I sleep,
And miles to go before I sleep.
Robert Frost

第12週（CD Track 41）
春先、一面に咲き乱れる水仙を称えるワーズワースの有名な詩の一節

I wander lonely as a cloud
That floats on high o'er vales and hills,
When all at once I saw a crowd,
A host of golden daffodils,
Beside the lake, beneath the trees,
Fluttering and dancing in the breeze.

Continuous as the stars that shine
And twinkle on the milky way,
They stretched in never-ending line
Along the margin of a bay:
Ten thousand saw I at a glance
Tossing their heads in sprightly dance.
From "The daffodils" by W. Wordsworth

第13週 (CD Track 42)
友の死を悼む詩

You can shed tears that he is gone;
Or you can smile because he has lived.

You can close your eyes
And pray that he will come back;
Or you can open your eyes and see all he has left.

Your heart can be empty
Because you cannot see him;
Or you can be full of the love you shared.

You can turn your back on tomorrow
And live yesterday;
Or you can be happy for tomorrow because of yesterday.

You can remember him and ache that he has gone;
Or you can cherish his memory and let him live on.

You can cry and close your mind,
Be empty and turn your back;
Or you can do what he would want:
Smile, open your eyes, love and go on.

Charles Henry Brent

第4章

英語のトレーニング

英語トレーニング・プログラム

これから3カ月間、次の6つのステップを一日1つずつこなしていきます。一週間で1サイクルが終わるようになっています。7日目は、一週間のうちあまり十分にできなかったところを復習できるように、予備日として取ってあります。体調のすぐれないときや、急な用事ができて、トレーニングができないこともあると思います。そのようなときは、予備日で調整してください。

このトレーニングでは、同じ音声素材を繰り返し聞き、一週間かけてその素材を完全に自分のものにすることを目指します。息切れせずに、毎日欠かさず3カ月続けていけるように、一回に扱う音声素材の量を控えめにしてあります。もし毎日忙しくてあまり時間が取れない、このプログラムの英語の量でも多くて大変、という人は一回に扱う英文の分量を減らしても構いません。「ゆっくりコース」として、149ページ以降のスクリプトに、標準コースの一週間分を二回に分けて練習する場合の区切り(//)を示していますので、それを目安にトレーニングを進めてください。

逆に、もっと時間が取れる人や余力のある人は、2週間分の英文をまとめて練習したり、インターネットや他の英語教材を使って、一日に練習する英語の量を増やしてもいいでしょう。ただし、必ず、一日1つのステップというペースは守り、一日にいくつものステップをまとめてすることは絶対に避けてください。一週間、同じ英語を何度も繰り返し聞くことで、少しずつ英語のリズムや抑揚が自分の体の中にしみ込んでいくからです。

every day!

基本の手順

＜1日目：ステップ1　p.49＞
何も見ずに、CDを繰り返し聞き、キーワードを聞き取る

▼

＜2日目：ステップ2　p.50＞
穴埋め書き取り。スクリプトを見て、内容を確認

▼

＜3日目：ステップ3　p.51＞
スクリプトを見ながら、CDを聞く。フレーズ読み。

▼

＜4日目：ステップ4　p.52＞
再度、スクリプトを見ずにCDを聞く。シャドーイング

▼

＜5日目：ステップ5　p.53＞
シャドーイング集中練習

▼

＜6日目：ステップ6　p.53＞
シャドーイングの仕上げ

本書の英語トレーニングのポイントは、次の通りです。

> ✌ **ポイント**
> 🖉 同じ素材を繰り返し聞く。
> 🖉 意味を理解してから音声練習をする。
> 🖉 わからないところはスクリプトで確認する。
> 🖉 自分の弱点をつかみ、その部分を徹底的に練習する。
> 🖉 進捗状況を記録する。
> 🖉 呼吸法、フェイス・エクササイズ、リズム練習と連動させる。

　一週間、同じ素材を聞き続けることについて、何でそんなに何度も聞かなければいけないのか、一回聞いて意味がわかればいいではないか、同じものを何度も聞くのでは飽きてしまう、という風に思う人がいるかもしれませんが、**英語のリズムを体得し、本当に英語らしい発音を身につけるには、一つの素材を徹底的に自分のものにすることが不可欠です**。一回さらっと聞いて、大体わかったところで、次の素材に移るというような勉強の仕方では、いつになっても力はつきません。英語をただ聞き流すだけの勉強法では、どんなにたくさん英語漬けになっても効果は期待できません。

　今までいろいろな勉強法を試したけれども、どうも話せるようにならなかったという人、英語をシャワーのように浴びる、という勉強法をためしてみたけれど、リスニング力があまり伸びなかったという人、それは、**教材を徹底的に自分のものにするような訓練をしてこなかったから**なのです。

　学校の授業でも、リスニングの練習と称して、一回か二回聞いて、内容理解の質問に答えておしまい、ひどい場合には、答え合わせもしないで、わからない箇所をそのままにして次へ進んでしまう、といった授業をする先生も多いようですが、それでは、聞き取りの力はつきません。まして、話せるようにはなりません。

このトレーニングプログラムでは、一週間のサイクルで一つの素材を繰り返し聞き、あとについて読む練習をします。最後に、シャドーイングをして、CDの音声と同じように話せるような訓練をします。同じシャドーイングでも、十分に聞かないうちにシャドーイングのまねごとをしたり、一回か二回やってみて、何となくできた、というようなやり方では、本当の力はつきません。このプログラムでは、自分のパフォーマンスを録音したあと、出来具合を客観的に分析し、うまくできなかったところを徹底的に部分練習して、完全にあとについて言えるようになることを目指します。そうすることで、英語のリズムごと、全部自分の体の中に取り入れることができます。徹底的に叩き込んだ英語のリズムや言い回しは、口や耳、そして体全体にしみ込み、思わず口をついて出てくるようになります。また、構文も単語の意味もしっかりと確認した上で、シャドーイングをしますので、音声だけ、オウムのように繰り返すのではなく、意味を伴った英語として、実際に使える力が身につきます。もちろん、聞き取りの力も知らないうちにぐんぐん伸びていきます。

　筆者は、長年、アマチュアの合唱団で歌ってきましたが、歌の練習をするとき、まずCDを何度も繰り返し聴きます。周りの家族が、「また同じ曲？もう聴き飽きた！」と言うほど、飽きずに繰り返します。頭に曲がこびりついて離れないぐらいになるまで繰り返したら、次に楽譜を見ながら、正確な音取りをします。ある程度できてきたら、一人で通して歌ってみます。そのとき、うまくできなかったところをもう一度丁寧に部分練習します。それを繰り返して、ほぼ間違いなくできるようになったところで、CDのオーケストラ付き合唱に合わせて歌ってみます。音楽のシャドーイングです。そこで、つっかえてしまったり、ついていけなかったところを、また部分練習し、再度、CDの合唱と一緒に歌い、息継ぎや出だしのタイミングまで一緒にできるぐらいまで持っていきます。そうなれば完璧です。プロの合唱団と一緒にオーケストラ付きで歌えたときの満足感は言葉に表しようがないほどです。この手法を英語のトレーニングに応用できると考えて作り上げたのがこの英語トレーニング法です。

　この方法で訓練すれば、お気に入りの俳優とそっくり同じ話し方で話せるようになるのも夢ではありません。英語らしい抑揚や発音が知らないうちに身についていきます。

　また、英語トレーニングをする際にも、口の周りの筋肉を鍛えるフェイス・エクササイズや、お腹の底から強い息を出す呼吸法と発声法を忘れずに。特に、「ささやき声」の練習を思い出して、ときどき、英語を読むときに声を出さずに、

「ささやき声」だけで読んで、それを録音してみるとよいでしょう。録音した「ささやき声」がはっきり聞こえるようであれば、あなたの英語の子音は合格点です。また、リズム練習で体に馴染んできている英語のリズム感覚も思い出しながら、英語を聞き、話す練習をしてください。

　いつの間にか、リスニングもスピーキングも、楽にできるようになります。深くハリのある豊かな声で英語が話せるようになる日も遠くありません。

一週間のサイクル

1日目

<ステップ1>
何も見ずに聞き、キーワードを聞き取る

1. まずCDを3回、軽く聞き流し、大体の感じをつかみます。

　軽く聞き流す、とは言っても、何かをしながら、上の空で、バックグラウンド・ミュージックのように聞くのではダメです。しっかりと集中して、できれば目を閉じて、音に全神経を集中して聞いてください。これからのステップ全部に共通しますが、ヘッドフォンを使うと集中できますので、持っている人は是非活用してください。

2. 3回繰り返して全体を聞いたあと、話の要点と印象に残った語句を書き留めます。

　誰かに「こんな話だったよ」と要点を伝えるつもりで、自分のことばで、簡潔に。ここでは、全体のリズムに慣れることが主な目的ですので、あまり必死に個々の語句を聞き取ろうとしないこと。

3. テキスト(p.121～)を開き、キーワードが聞き取れたかどうか確認します。

　CDを聞きながら、語句のリストをチェックするのではなく、何も見ずにCDを繰り返し聞いたあと、テキストを開いてください。これらのキーワードが聞き取れていれば、大体の内容はつかめているはずです。聞き取れていない語があったら、もう一度CDを聞いて、確認します。意味のわからない語は、確認しておきましょう。

4. テキストを閉じて、確認したキーワードに注意しながら聞きます。

　音声だけに注意を集中して聞きましょう。今度は、今までわからなかった部分まで、スーッと視界が開けるようにわかってくるかもしれません。何度も聞いているうちに、ついついまねして言ってみたくなる表現も出てくるかもしれませんが、今は、まだ英語のリズムを楽しむだけにしておいてください。あとで、たっぷり声を出す練習はしますので。

2日目

<ステップ2>
書き取る

1. いよいよ細部を聞き取る丁寧な聞き方をします。まず、通して2回CDを聞きます。

2. 次に書き取り用ワークシート(p.135～)を開き、一通りテキストに目を通します。
　これまでにもう既に何度も繰り返し英語を聞いていますので、テキスト内の空所にどんな語句が入るべきか、おおよその見当がつけられることと思います。

3. 適宜CDを止めながら、テキストの空白になっている部分を書き取ります。
　2－3語ごとなどの短い区切りではなく、なるべく長い部分をまとめて聞いて書き取るように心がけましょう。次のステップで使用するポーズ入りのCD (Track 15－27) を使うと、フレーズ毎にポーズが入っていますので、便利です。どうしても聞き取れない場合には、カタカナを混ぜても構いませんから、聞こえた通りにメモしておきましょう。英語の発音表記にカタカナを使うことに関しては、賛否両論あるようですが、リスニングの訓練で、聞こえたままの音をメモする手段としては、大いに利用してよいと思います。また、意味が通じるかどうか、文法的に正しいかどうか考えながら、空所に入るべき語句を考えると、明瞭には聞こえない箇所も、自ずとわかってくることもあります。

4. もうこれ以上聞いても、どうしてもこれ以上は書き取れない、となった段階で、スクリプト(p.149～)を見て、内容を確認します。
　スクリプトを見ても英文の意味がわからないところは、訳を見て確認します。聞き取れなかった箇所をマーカーでハイライトしましょう。聞き取れずに、カタカナでメモしておいた箇所が、自分が知っている語句ばかりで、「ええ!?この単語だったの?」と思うことがよくあります。そのような場合には、文字で見たときのイメージとは違う、実際の英語の音をしっかりと覚えましょう。特に、単語と単語がくっついてしまって聞き取れなかった箇所などは、かたまりで音声を覚えるようにしましょう。本当に初めて見る語があったら、それはわからなくて当然ですから、意味を確認し、新出語として覚えます。これは、単語に限らず、熟語も同じです。

5. 確認が済んだら、CDを2～3回聞きます。最初はスクリプトを見ながら、次にテキストを閉じて聞きます。
　特に、聞き取れなかった部分に注意して聞いて下さい。今度は自分でも驚くほどは

っきり聞こえるはずです。一度文字で確認したのだからはっきり聞こえて当然と思うかもしれませんが、これを繰り返すことで英語の音に慣れ、次に同じような語句を聞いたときに、簡単に聞き取れるようになっていくのです。

3日目　＜ステップ3＞　フレーズ読み

1. スクリプトを見ながら、3回CDを聞きます。
　特に、ステップ2で書き取れなかった箇所に注意して、フレーズ全体を何度も聞き、英語のリズムが頭から離れなくなるぐらい、そして、思わず口をついて発音したくなるくらいになるまで聞きましょう。ステップ2で、意味が取れなかった箇所、知らなかった単語、文字では知っていたけれど、正しい発音の仕方を知らなかった単語や語句の発音の仕方なども、CDを聞きながら、再度よく確認します。

2. スクリプトを見ずにさらに3回CDを聞きます。
　聞きながら、全部細かいところまでわかりますか？もしまだわからない箇所、不安な箇所があったら、スクリプトと訳に戻って確認します。ここまでくれば、一語一語がとてもはっきりと、ゆっくり聞こえるようになっているはずです。

3. 聞こえてくる順に英語を理解する練習、「フレーズ読み」をします。
　フレーズ読みとは、短い語句（フレーズ）ごとに意味を取っていく方法です。ポーズ入りのCD（Track 15 – 27）を聞きながら、フレーズごとに意味を言っていきます。「フレーズ読み」については、p.55のコラムで、詳しく説明してありますので、そこで、英語の語順のままに理解するコツをしっかりと覚えましょう。

4. 英語の語順のままに意味を理解する練習ができたら、同じポーズ入りCDを使って、今度は、フレーズごとに発音する練習をします。

5. CDのあとについてフレーズ読みしているところを録音します。録音を聞き直し、CDのモデルと比べて、自分の出来具合をチェックし、うまくできなかったところを繰り返し練習します。

4日目

<ステップ4> シャドーイング

1. もう一度、ステップ1と同様、何も見ずに3回程度音声を聞きます。

　ステップ1で最初に聞いたときに比べて、英語が非常にゆっくりとして聞こえてくるはずです。もうすべての単語も熟語もわかっています。文の構造や意味もすっかりわかっています。弱く発音される部分の発音の仕方もわかりました。ここまでで、同じ文章を十回以上聞いているので、ほとんど暗唱できるような気もするのではないかと思います。ここまで来たら、次のシャドーイングに移る準備完了です。

2. 流れてくる音声を途中でまったく止めずに、英語が聞こえてくるままに、ほんの少し遅れてあとについて発音していきます。

　自分流に声を出してテキストを読む「音読」ではなく、何も見ずに、英語の音声だけを聞きながら、それを真似するように声を出していきます。CDはなるべく止めずに、少なくとも1パラグラフぐらいは、一気に続けて後についていくようにしましょう。聞きながら発音していくという非常に集中力のいる練習ですが、その効果は抜群です。英語らしい発音や抑揚が知らないうちに身についてきます。シャドーイングについては、p.60のコラムに詳しい説明がありますので、参考にしてください。

3. 何度か練習をしたら、どのぐらいうまくできているか確認するために、シャドーイングしているところを録音します。

4. スクリプトを見ながら、録音を聞き返し、うまくできなかったところ、つまってしまったところに、マーカーで印をつけていきます。

　次のステップでこれらの箇所について、十分に練習します。このように、できたところ、できなかった箇所をきちんと認識し、自分の弱い部分を集中的に練習することは、他の学習にも応用できる、とても大切な学習のストラテジーです。到達すべき目標が定まり、ひとつひとつ、その目標を達成していく喜びも得られることでしょう。

5日目 <ステップ5> シャドーイング集中講座

ステップ4でうまくシャドーイングできなかったところを、徹底的に練習します。 まずは、スクリプトを見ながら、次は、スクリプトを見ないで、それぞれの箇所を何度も繰り返し聞きながら、後について言う練習をします。それぞれの箇所が大体できるようになったら、通してシャドーイングしてみます。前の日より、ずっと滑らかにできるようになっていたら、ステップ5は完了です。この段階では、完全を目指す必要はありません。

6日目 <ステップ6> シャドーイングの仕上げ

1. 仕上げとして、もう一度何も見ずに、通してシャドーイングをし、録音します。

ステップ4同様、自分のシャドーイングを録音して聞き直してみましょう。どうですか、ステップ5の練習が功を奏して、楽にシャドーイングができるようになりましたか。

2. ステップ4のときに、マーカーでハイライトした箇所のうち、うまくできるようになったところには、「完了」の意味で、チェック印（✓）をつけます。

この印をつけるとき、気分爽快、達成感を覚えるはずです。ひとつひとつこのように、自分が上達していくのを具体的な形で確認するのは、とても嬉しいことです。実は、「完了」「完成」という意味でチェック印をつけるとき、脳内エンドルフィンというホルモンが分泌されて、陶酔感・幸福感が起こるそうです。✓印をつけるとき、爽快感を十分に味わってください。できるようになるって、こんなにも嬉しいことなんだ、と、モチベーションも高まることと思います。このトレーニングを続けると、英語が上達するだけでなく、幸せにもなれるのです。

3. もし、まだうまくいかないところがあったら、ステップ5に戻って、その箇所を練習し直します。

大体できたらいいや、という態度ではなく、自分の弱点をしっかりと認識し、完全にできるようになるまで練習するようにしましょう。そうすることで、英語がそっくり体にしみ込んでいきます。ここまできちんとできたら、他のことをしているときでも、英語が思わず口をついて出てくるようになります。寝言を英語で言う日も遠くな

いかもしれませんよ。

4. うまくいかないところは、4週間後に再挑戦する。

　どうしてもうまくいかない箇所がある場合、完璧を目指そうとすると、イヤになって途中で投げ出したくなってしまうかもしれませんので、その箇所に別の色のマーカーでしっかりと印をつけた上で、4週間後のワークシートのリマインダーに今日の日付を記入し、とりあえず、先に進むようにしましょう。そして、4週間後に、もう一度今のところに戻ってみてください。4週間後に再度同じところをシャドーイングしてみると、今はうまくいかないところも、すんなりできるようになっていて驚くことと思います。「継続は力なり」を実感してください。

　もし、一週間のサイクルでは、全部を完全にシャドーイングできない、という人は、同じ英語素材を次の週までかけて練習しても構いません。あるいは、一週間に練習する素材の量を半分に減らしてみるのもよいでしょう。全員同じペースで進む必要はありません。自分の力と、練習にかけられる時間に応じて、それぞれ工夫してください。

　毎週、自分の録音を聞くのが楽しみになって、3カ月があっという間に経ってしまうぐらいになるといいですね。一週間毎に、確実に進歩していく自分の姿を見ると、それが励みになって、また次なる目標を目指して頑張る元気が湧いてくることでしょう。昨日よりも、一つでも間違いが少なくなっていることを目指して、一歩一歩前進していってください。

英語の語順のままに理解するフレーズ読み

英文を何とか訳して意味を取ることはできるけれど、リスニングは苦手、という人がいますが、この場合、英語の読み方に問題があることが多いのです。音声は、瞬時に消えていってしまいますので、聞こえてくる順に次々と理解していかなければなりません。英文を読むときに、何度も前に戻ったり、全文をきちんと日本語に訳さないと納得できないという人は、まずこの習慣を改める必要があります。英語の語順のままに、後戻りせずにどんどん理解して読むことができないようでは、聞き取りは不可能です。英米人は聞こえてくる順に意味を理解しているのですから、そのような理解の仕方ができるように頭を切り替えましょう。

英文は意味のまとまり（フレーズ）によって分けられます。そのまとまりごとに意味を取っていくことによって、英語の語順のままに理解していくことが可能になります。その際、常に、次にどのような語句が来るか予測しながら読み進めていきます。そして、読み進めるごとに、前の予測を確認していきます。このような予測を立てるには、文法の知識、熟語や相関語句の知識、単語の文法的な役割についての知識などが役立ちます。たとえば、「I'm afraid of」という熟語を知っていれば、I'm afraidまで聞いたところで、次にofが来ることが予測できますし、その後には、「恐れる対象となるもの」が来るだろうということが予測できます。また、もし予測に反して、ofの代わりにI can't comeのような文が続いたら、一瞬、「あれっ、予想と違う」と戸惑うかもしれませんが、そこで、コンピュータがデータを検索するように、急いで頭の中の知識を総動員して、I'm afraidには「残念ながら〜である」という意味もあったことを思い出し、「そうか、『残念ながら、伺えません』とすればよいのか」と、軌道修正をします。

実は、同時通訳の訳し方もこのやり方を採用しています。同時通訳の人は、文が終わるまで待っていたら、次の文にいってしまいますから、英語の語順のままに少しずつ訳していくのです。特に関係代名詞節などを含めた修飾語句を後ろから戻らずに、順に意味を取っていくことに慣れましょう。たとえば、I read the book (that) you lent me the other day.という文は、I read the bookまでのところで、「本を読みました」と理解します。その次の関係代名詞節 (that) you lent me the other dayを、伝統的な英文解釈的な、前に戻る訳し方ではなく、「ほら、この間、貸してくれたでしょ、あの本ですよ」という風に、付け足して考えるとよいのです。このような読み方をしていくと、どんなに難しい文も、長い文も、前から順に理解していくことができるようになります。このフレーズ読みの方法については、英語トレーニングのステ

ップ3で、丁寧に練習します。

　英文を語順のまま理解するためには、いわゆる受験英語で学習した英語の構文の知識がとても役に立ちます。わかりきっていることと思うかもしれませんが、ここでいくつか大事な点を復習しておきましょう。

■ 英語の構文の規則

規則1　英文には必ず主語と述語があり、それが英文の構造の根幹となる。主語と述語が見つけられれば、英文理解の一番重要な鍵はつかんだことになる。

規則2　主語になれるのは名詞または名詞相当語句（that節、what節などに注意）、述語になれるのは述語になれる形の動詞（下記参照）。

　　　　述語になれる動詞の形：
　　　　・現在形　・過去形　・現在進行形（be動詞+-ing）
　　　　・現在完了形（have/has+過去分詞）（進行形も含む）
　　　　・過去完了形（had+過去分詞）（進行形も含む）
　　　　・助動詞と一緒に使われている動詞
　　★-ing形や過去分詞、不定詞が単独で使われているものは、述語にはなれない。

規則3　前置詞のあとには、必ず、名詞がくる。前置詞のついた名詞は、形容詞や副詞のような修飾語句になり、主語にはなれない。

規則4　従属節（接続詞because, although, whenなどに導かれる節）は、文の中心的な節（主節）にはなれない。文全体の中での役割は、「付け足し」と考える。従属節の中には、主語＋述語のような「文に相当するもの」がある。

　　　　例
　　　　　When he opened the door,　　he found the room empty.
　　　　　　（主語　述語）　　　　　　　主語　述語
　　　　　　　従属節：付け足し　　　　　　主節

規則5　関係代名詞を見たら、そこから修飾部分が始まると考え、始まりの括弧を頭に描き、終わりの括弧はどこか考える。関係代名詞のあとには、規則4の従属節と同様、主語＋述語のような「文に相当するもの」が来る。-ing

形や過去分詞も、同じように、修飾的な働きを持つものがある。
規則6　接続詞andは同じ種類のものを結びつける。名詞だけでなく、動詞、形容詞、節、文なども並列につなぐことができるが、必ず同じ種類のものをつなぐことを忘れないこと。andを見たら、並列関係を頭に思い浮かべる。
規則7　代名詞は前に出てきた語句の代わりに使われる。何を指しているのか確認しながら読み進む。かなり離れて現われることもあるので、注意。
規則8　動詞には、自動詞と他動詞の2種類がある。自動詞は、run、sleepのように、そのあとに何も対象物を必要とせず、それ自体で活動を表す。それに対し、他動詞は、like carrots、speak Frenchのように、対象となるものを従える。対象となるもの（目的語）には、名詞・名詞相当語句がなれる。

以上、どの規則も、高校までの英語の文法の基礎を知っている人であれば、誰でもが知っているものだと思いますが、これらの規則を実際に活用して、英文を語順のままに理解するコツを次に説明しましょう。

例文：If China and Japan are to resolve their differences, they need to come to a shared understanding of the past.

1. Ifを見た段階で、従属節の始まりであることを頭に記憶させ、その従属節がどこで終わるのか、気をつけながら読み進む（規則4）。また、Ifの後には、主語＋述語のような「文に相当するもの」がくることを想定して、従属節の中の「主語」は何か、「述語」は何か、心構えをして次の語句に目を向ける。
2. China and Japanは一目で名詞のまとまりであることがわかるので、従属節中の主語である可能性が大であることを認識する（規則2）。
3. 次にareがあるので、China and Japan areで主語＋述語のつながりとして理解してよさそうであることを確認（規則1）。
4. are toと出てきたところで、通常be動詞のあとは、名詞や形容詞がくることが多いので、少々戸惑うが、be toの熟語（すべき、するはずである）を知っていれば、それを記憶の中から引っ張り出す。
5. are to resolveまで来て、「（二つの国は）解決する必要がある」と解釈して、意味が通じることを確認。「しかし、何を解決するのだろうか？」と、次を予測（規則8）。

6. 次に their differences とあるので、「解決する」対象が「彼らの違い」で、何とか意味が通じそうであることを確認。「彼らの」はもちろん、主語の China and Japan でよいであろう（規則7）。「違いを解決する」では、しっくりこないと思うなら、「違いを乗り越える」のように解釈しても構わないが、ここでは、きちんとした訳語を見つけるよりも、resolve differences の大筋の意味を捉えることが重要。
7. 次のコンマを見て、最初の If で始まる従属節が、恐らくここで終わって、次からは、主節が始まるのかもしれない、と予測（規則1と規則4）。音声の場合には、軽いポーズやイントネーションで切れ目があることがわかる。
8. 次に they と出てくるので、ここから主節が始まりそう、という前に立てた予測が当たったようであることを確認（規則4）。
9. they need で、主節の主語＋述語のまとまりと捉えることができそうであることを確認（規則1）。もちろん、この they は China and Japan を意味するものであると考えてよいであろう（規則7）。
10. they need to come to まで一気に読んで、上の9の確認がさらに確固たるものとなる（規則1）。「来る必要がある」「どこに？」であろうか、と予測しながら読み進める。
11. come to を読んだ（聞いた）ときには、その後に「場所」がくることを想定したかもしれない。通常、come は、ある場所に来る、という意味になることが多いから。そのため、a shared understanding「共通理解」という語句が次に来て、一瞬戸惑うが、「共通理解に来る→共通理解に至る→共通理解できるようになる」というようにすれば意味が通じることがわかる。この部分自体をもう少し分解すると、a が来た段階で、後に名詞が来ることを予測。次に shared という過去分詞（過去形も同形であるが、冠詞 a のあとに述語となる過去形が来るのはおかしい、と判断）が来て、少し予測から外れる。確定は保留にしたまま読み進める。次に understanding という言葉を見て、これこそが a の後に来るべき名詞とするとよいかもしれない。そうすると、前の shared は understanding を修飾する形容詞的なものだったのだ、という風な理解をする。もちろん、shared understanding という語句をまとめて知っていると、理解が早い。
12. of the past という言葉が次にくるので、「過去についての共通理解」つまり、「過去に対して、同じような理解をもつ」のように解釈することができる。
13. ここまで読み終わった段階で、日本語の語順に訳すことなく、上の例文全体の意

味の理解が完了する。

ここで使った例文をフレーズごとに英文の構造をわかりやすく示すと次のように

$\left\{\begin{array}{l}\text{If China and Japan are} \\ \qquad\text{to resolve their differences}\end{array}\right\}$（「条件」を表わす飾りの部分）

<u>they need</u> to　　　　　（文の根幹）「何する必要があるのか？」
come to　　　　　　　　「どこに来る？」
a shared understanding　　「何についての理解？」
of the past.　　　　　　　「過去についての(理解)か、フム、フム、納得！」

なります。次の部分の予測をそれぞれのフレーズのあとに付け足してあります。

　いかがでしたか？以上、語順のままに英語を理解するプロセスを、分解して説明してみました。本来は、この一連のプロセスは、コンピュータがデータを処理するように、瞬時に起こっているのです。ところが、反応が鈍いコンピュータだと、そのプロセスが遅かったり、文全体の構文をワーキングメモリに記憶しておくことができずに、どこかで処理が止まってしまったり、間違ったアウトプットが出てきてしまうかもしれません。私たちが外国語で情報を処理するときには、母国語ほどの力がありませんので、こんな風に少し容量の小さいコンピュータが作動しているようなものなのです。フレーズ読みの訓練を十分にして、早く、英語の語順のままにどんどん理解できるようになって、性能のよいコンピュータ処理に近づくようにしましょう。

　これから、たくさんの英語を読み、聞く練習をする中で、このように英語の語順のままに理解していくことを常に意識してください。この習慣がつくと、今までリスニングが苦手だった人も、「耳」からうろこが落ちたように、リスニング力が飛躍的に伸びていきます。

　フレーズごとにポーズが入っているCD教材（ステップ３用教材 CD Track 15〜27）を利用して、ここで説明した読み方を実践練習するとよいでしょう。同時通訳するように、英語の語順のままに順次意味をとっていくのです。

シャドーイングの極意

シャドーイングとは、英語の音声を聞きながら、ほんの少し遅れて、聞いたことをそのまま繰り返して発音していくことです。影のようについていく、という意味からできた言葉です。これは、同時通訳の訓練にも利用されている方法で、聞きながら発音するという非常に集中力のいる練習ですが、その効果は抜群です。リスニングだけでなく、スピーキングの力も飛躍的に伸びることを保証します。また、今、脳の老化防止のために声に出して読むことが推奨されていますが、シャドーイングを続けていると、脳の活性化にも役立ちます。ただ、同じシャドーイングでも、やり方次第で、効果が上がったり上がらなかったりしますので、このプログラムで紹介する方法をきちんと守って練習してください。一回か二回チョコチョコとついて言ってみて、それでおしまいでは、効果は出ません。繰り返し、完全に自信を持って余裕でシャドーイングできるまで繰り返すことが大切です。

最終的には、スクリプトなしの題材をどんどんシャドーイングできるようになることが目標ですが、最初は適宜文字を確認する必要がありますので、スクリプトがあるものを用意しましょう。

まず手始めに、日本語のニュースを材料にして要領を覚えましょう。ニュースを録音してもいいですし、インターネットのニュースでしたら、コンピュータに保存して何度も必要な箇所を繰り返し聞くことができるので便利でしょう。途中ポーズをとらずに、アナウンサーが話すそばから同じことを繰り返し発音します。相手はどんどん先に行ってしまい、ついていくのにフーフーになるかもしれませんが、何度か繰り返して要領をつかみましょう。日本語のシャドーイングだけで、口や顔の筋肉が疲れたと感じる人は、顔の筋肉がかなりなまっているのかもしれません。フェイス・エクササイズを毎日続けて鍛えましょう。英語はもっと筋肉を動かしますので、まだまだ、これは序の口ですよ。慣れてきたら英語のシャドーイングに入りますが、しばらくは日本語のシャドーイングも続けましょう。丁度、口の周りの筋肉のウォーミングアップになってよいでしょう。

シャドーイングをする際のポイントは次の通りです。

1. 適切なレベルの素材を使う。全部理解できるぐらいのものが丁度よいレベル。速度も、「相当ゆっくり」と思われるぐらいのものから始める。
2. シャドーイングを始める前に、数回聞き、音声に慣れる。その際、タオルを絞ったり、机をたたいたりして拍子をとり、強弱のリズムをしっかりと取る。
3. すべての意味がわかり、簡単に後について言えそう、と思うぐらいになってから、

シャドーイングを始める。
4. 声を出す前に、ささやき声で、ついて言う練習をする。
5. なるべく教材の音声を止めずに、聞こえてくるままにどんどん続けて言っていく。最初は強く聞こえる部分だけでよしとする。
6. 自分のシャドーイングを録音し、できたところ、できなかったところを明確に把握し、できなかったところは集中的に練習する。
7. 一つの素材を徹底的に繰り返し、完全に自分のものにする。
8. 口の周りの筋肉を鍛える。
9. 日頃から十分に呼吸法・発声法の訓練をして、一息で発音できる量を増やす。

　日本語では何とかできた人でも、英語になると、口がもたついてしまい、ついていけなくなる人がたくさんいます。そのような人は、第1章と第2章の呼吸法とフェイス・エクササイズで、口の周りの基礎筋力作りに励んでください。
　シャドーイングをするときには、特に集中して、英語を聞き、再生してほしいので、ヘッドフォンを使うことを強くお薦めします。ヘッドフォンをつけていると、自分の声も、頭の中に響き、よりクリアに聞こえるはずです。一日10分でいいですから、100％神経を集中して、シャドーイングのトレーニングを続けてみてください。
　また、意味のわからないものをオウムのようにただ音声だけ再生しても意味がありません。英語の語順のままに意味がスーッと頭に入ってきて、それを説明するつもりで、音に出していきましょう。本書の英語トレーニングプログラムのステップ3「フレーズ読み」で、同時通訳のように、フレーズを聞く毎に意味を言っていく練習がありますので、そこで、英語が聞こえてくる語順で確実に意味をとって、次へ進んでいくコツを覚えましょう。これをきちんと練習することで、今度は、似たような表現を応用して、自分の言葉として英語を話すことができるようになります。
　シャドーイングは非常に集中力を要する作業ですので、あまり無理をして根をつめて頑張りすぎると長続きしません。毎日少しずつ続けることがコツです。そして、最低、このトレーニングプログラムの期間3カ月は続けること。一カ月も経たないうちに息切れしてしまう人が多いようですが、本当の英語力をつけたいと思ったら、ここが正念場、是非とも、一カ月の山を越して、毎日、これをしないと気持ちが悪いくらいの習慣にして、何とか3カ月続けてみてください。はっきりと効果が目に見えて現われてくるはずです。

テーマ別学習のススメ

背景的知識を増やしながら、英語の力をつけるためのとっておきの勉強法をご紹介します。

　英字新聞や英文雑誌を取っているのだけれど、どんどん溜まるばかりで消化不良になっているという人も多いのではないでしょうか。また、いろいろな勉強法を試してみたけれど、どれもあまり効果が実感できないという人もいるでしょう。そんなとき、一つのテーマだけに絞って勉強する方法をお勧めします。これをしばらく続けると、事の進展振りを追いかける内容的な関心も高まりますし、同じ語句が何度も繰り返し出てくるので、最初は辛くても、どんどん楽になってきます。たとえば、国際環境会議に関するニュースでもいいし、テロ事件に関するニュースでも、しばらくマスコミを賑わせる話題であれば、何でも構いません。時事問題でなくても、食生活や健康に興味があれば、そのテーマの記事だけに集中していろいろと調べてみるのでも構いません。また、逆に、自分があまり得意でない分野について、特に集中して取り組めば、苦手な分野を克服することもできます。

　毎日、新聞やテレビ、インターネットで目にするニュースの中から、テーマを決め、そのテーマに関係のある未知語や面白い表現を書き出して単語帳を作っていきます。2週間ぐらい、これを続けると、選んだテーマそのものの内容についても深く追求することができますし、そのテーマに関する英語の知識が格段に増すのが実感でき、達成感を得られるはずです。新聞も、今までになくしっかり読んだという満足感が得られることでしょう。このテーマ別学習に特に便利なのがインターネットです。たとえば、BBCのサイトを参考にすると、あるニュース記事に対して、関連記事の一覧がありますので、嫌になるほどたくさん同じテーマの記事を読んだり聞いたりすることができます。それに、新聞のように、他の部分を読まずに無駄にしてしまったという罪悪感を覚えないで済むのが何よりです。プリントアウトしておけば、通勤・通学の電車の中で読むことも可能です。

　筆者の勤務校では、内容中心の英語教育を実践しています。3-4年生の専門科目の一部として、さまざまなテーマのトピックに関する授業が用意されており、学生は、自分の興味に沿って、授業を選ぶことになっています。トピックの例として、宇宙の謎、人権問題、アメリカの社会問題、ハリーポッターを読む、などがあります。筆者が担当するクラスは「イギリス事情」で、イギリスについて勉強したいと思っている学生が集まっています。毎週必ず、イギリスに関して、自分が面白いと思ったニュースを要約してきて、翌週の授業で、クラスメートにそれを話す、という課題を課しています。学期の間を通して、同じトピックを追求してもいいし、その週ごとに異なる

トピックを探してもいいことにしてありますが、イギリスの食べ物について、歴史について、音楽について、など、同じトピックを一貫して追求する学生もたくさんいます。この課題をすることで、学生は、毎週、かなりの量のニュースに目を通すので、自然に速読・多読をすることになりますし、選んだトピックについてまとめるので、書く練習にもなります。また、それをクラスで話すことによって、既に馴染みのあるトピックについて話す練習をすることになります。この授業を受けた学生は、毎週の課題は大変だったが、英語を話すことが楽になった、英語を読むのが速くなった、と感想を述べています。自分一人で、これを続けるのは、かなり努力が必要かもしれませんので、興味や目的を同じくする友人などと、定期的に意見を交換する、進捗状況を報告し合う、励まし合う、というような手段を用いるのも一つの方法でしょう。

英語トレーニング
実践編

英語トレーニング実践編の構成

英語トレーニング実践編は、次のような構成になっています。

- 一週間サイクルワークシート（13週間分）（p.68）
- キーワード聞き取り用チェックリスト（p.121）＜各週第1日目、ステップ1用＞
- 書き取り用ワークシート（p.135）＜各週第2日目、ステップ2用＞
- 英文素材スクリプトと訳（p.149）＜各週第2日目　ステップ2確認用＞
- フレーズ読み用スクリプト（p.177）＜各週第3日目　ステップ3用＞
- シャドーイング用スクリプト（p.205）＜各週第4〜6日目　ステップ4〜6用＞

（一つの素材で、何回もシャドーイングの練習をし、マーカーで印をつけますので、シャドーイング用スクリプトは各々何枚かコピーを取っておくとよいでしょう。）

　練習用の素材のほかに、一週間サイクルのワークシートには、「今週の言葉」があります。有名人のことば、格言など、生きるヒントになるような味わい深い言葉を集めました。

CDの収録内容

付属のCDの収録内容は次の通りです。

CD Track 2:	第1週目用素材
CD Track 3:	第2週目用素材
CD Track 4:	第3週目用素材
CD Track 5:	第4週目用素材
CD Track 6:	第5週目用素材
CD Track 7:	第6週目用素材
CD Track 8:	第7週目用素材
CD Track 9:	第8週目用素材
CD Track 10:	第9週目用素材
CD Track 11:	第10週目用素材
CD Track 12:	第11週目用素材
CD Track 13:	第12週目用素材
CD Track 14:	第13週目用素材
CD Track 15:	第1週目用素材（フレーズ読み）
CD Track 16:	第2週目用素材（フレーズ読み）
CD Track 17:	第3週目用素材（フレーズ読み）
CD Track 18:	第4週目用素材（フレーズ読み）
CD Track 19:	第5週目用素材（フレーズ読み）
CD Track 20:	第6週目用素材（フレーズ読み）
CD Track 21:	第7週目用素材（フレーズ読み）
CD Track 22:	第8週目用素材（フレーズ読み）
CD Track 23:	第9週目用素材（フレーズ読み）
CD Track 24:	第10週目用素材（フレーズ読み）
CD Track 25:	第11週目用素材（フレーズ読み）
CD Track 26:	第12週目用素材（フレーズ読み）
CD Track 27:	第13週目用素材（フレーズ読み）
CD Track 28〜42:	リズム練習

一週間サイクル・ワークシート
第1週

※練習した日付を記入しましょう。
※練習した項目の□欄に✔を入れましょう。

練習実施日
　　年　　月　　日～　月　　日

ステップ1 キーワードを聞き取る
（テキスト　p.122）（CD Track 2）

☐ 1. 何も見ずに、CDを3回繰り返し聞く。

☐ 2. 要点と印象に残った語句を書き留める。

　A) 主要な内容についてわかったことを日本語で簡単に（一文で）書きましょう。

　_____

　B) 印象に残った語句を3つ書きましょう。

　1._____　2._____　3._____

☐ 3. テキスト(p.122)を開き、キーワードが聞き取れたかどうか確認する。キーワードの中で、知らない語句があったら、下の注や辞書で確認する。

☐ 4. テキストを閉じて、確認した語句に注意しながら、CDを繰り返し聞く。

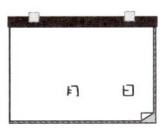

ステップ2 書き取る（テキスト p.136）(**CD Track 2&15**)

- [ ] 1. 何も見ずにCDを2回通して聞く。
- [ ] 2. 書き取り用ワークシート(p.136)を開いて、テキストに一通り目を通す。
- [ ] 3. CDを聞きながら、テキストの空所を埋める。
- [ ] 4. 書き取りが終わったら、スクリプト(p.150)を確認する。書き取れなかった箇所はマーカーで印をつける。
- [ ] 5. 聞き取れなかった部分に特に注意しながらCDを繰り返し聞く。

ステップ3 フレーズ読みをする
（スクリプト p.178）(**CD Track 2 & 15**)

- [ ] 1. テキストのスクリプトを見ながら、CDを3回繰り返し聞く。
- [ ] 2. スクリプトを見ずに、CDをさらに3回繰り返し聞く。まだわからない箇所があったら、スクリプトを再度確認する。
- [ ] 3. ポーズ入りCD（**CD Track 15**）を使って、ポーズのところで意味を言う。
- [ ] 4. ポーズ入りCDを聞きながら、フレーズごとに後について英語を言う。
- [ ] 5. CDについてフレーズ読みしているところを録音する。録音を聞き返し、うまくできなかった箇所を繰返し練習する。

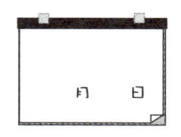

| ステップ4 | **シャドーイング**（テキスト p.206）（**CD Track 2**）

- [ ] 1. 何も見ないで、CDを3回通して聞く。

- [ ] 2. シャドーイング練習。CDを流しながら、少し遅れてついて発音していく。

- [ ] 3. 何度か練習した後、シャドーイングをしているところを録音する。

- [ ] 4. テキストを見ながら、録音を聞き返し、うまくできなかった箇所にマーカーで印をつける。

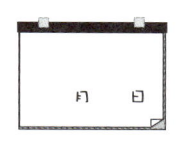

| ステップ5 | **シャドーイング集中練習**
（テキスト p.206）（**CD Track 2**）

- [ ] 1. 適宜、スクリプトを確認しながら、ステップ4でうまくできなかった箇所を練習する。

- [ ] 2. 通してシャドーイング。前日よりも滑らかにできるようになっていることを確認する。

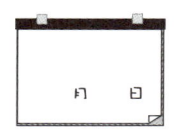

| ステップ6 | シャドーイング仕上げ
（テキスト p.206）(CD Track 2）

- [ ] 1. 何も見ずに、通してシャドーイングをし、録音する。

- [ ] 2. 録音をステップ4の録音と比較してみる。マーカーで印をつけた箇所で、うまくいったところには、✓印をつけ、達成感を味わう。

- [ ] 3. うまくいかない箇所は、ステップ5に戻って、スラスラとできるまで練習する。

- [ ] 4. どうしてもできない箇所は、別の色で印をつけた上で、4週間後に、もう一度挑戦する。5週目のワークシート（p.84）のリマインダーに今日の日付を書き入れておく。

今週の言葉 ＜第1週＞

- **An apple a day keeps the doctor away**.（Proverb）
  一日リンゴひとつ、医者いらず。
  ※dayとawayが、韻を踏んでいるところを味わってください

- **Seeing is not always believing.**（Martin Luther King, Jr.）
  「百聞は一見に如かず」とは限らない。(マーティン・ルーサー・キング・ジュニア）
  ※Seeing is believing「百聞は一見に如かず」をもじった名言です。目に入るものを、そのまま信じてはいけない、批判的にものを見る必要がある、という警告と考えられるでしょうか。

CD 3 & 16

一週間サイクル・ワークシート
第2週

※練習した日付を記入しましょう。
※練習した項目の□欄に✔を入れましょう。

練習実施日
　　年　月　日〜　月　日

ステップ1　キーワードを聞き取る
（テキスト　p.123）（CD Track 3）

☐ 1. 何も見ずに、CDを3回繰り返し聞く。

☐ 2. 要点と印象に残った語句を書き留める。

　A）主要な内容についてわかったことを日本語で簡単に（一文で）書きましょう。

　　_____

　B）印象に残った語句を3つ書きましょう。

　　1._____　　2._____　　3._____

☐ 3. テキスト（p.123）を開き、キーワードが聞き取れたかどうか確認する。キーワードの中で、知らない語句があったら、下の注や辞書で確認する。

☐ 4. テキストを閉じて、確認した語句に注意しながら、CDを繰り返し聞く。

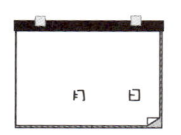

ステップ2 書き取る（テキスト p.137）(**CD Track 3&16**)

- [ ] 1. 何も見ずにCDを2回通して聞く。

- [ ] 2. 書き取り用ワークシート(p.137)を開いて、テキストに一通り目を通す。

- [ ] 3. CDを聞きながら、テキストの空所を埋める。

- [ ] 4. 書き取りが終わったら、スクリプト(p.152)を確認する。書き取れなかった箇所はマーカーで印をつける。

- [ ] 5. 聞き取れなかった部分に特に注意しながらCDを繰り返し聞く。

ステップ3 フレーズ読みをする
（スクリプト p.180）(**CD Track 3 & 16**)

- [ ] 1. テキストのスクリプトを見ながら、CDを3回繰り返し聞く。

- [ ] 2. スクリプトを見ずに、CDをさらに3回繰り返し聞く。まだわからない箇所があったら、スクリプトを再度確認する。

- [ ] 3. ポーズ入りCD（**CD Track 16**）を使って、ポーズのところで意味を言う。

- [ ] 4. ポーズ入りCDを聞きながら、フレーズごとに後について英語を言う。

- [ ] 5. CDについてフレーズ読みしているところを録音する。録音を聞き返し、うまくできなかった箇所を繰返し練習する。

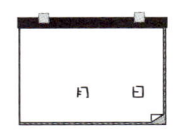

ステップ4　シャドーイング（テキスト　p.207）（CD Track 3）

- [ ] 1．何も見ないで、CDを3回通して聞く。

- [ ] 2．シャドーイング練習。CDを流しながら、少し遅れてついて発音していく。

- [ ] 3．何度か練習した後、シャドーイングをしているところを録音する。

- [ ] 4．テキストを見ながら、録音を聞き返し、うまくできなかった箇所にマーカーで印をつける。

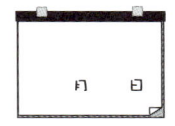

ステップ5　シャドーイング集中練習
（テキスト　p.207）（CD Track 3）

- [ ] 1．適宜、スクリプトを確認しながら、ステップ4でうまくできなかった箇所を練習する。

- [ ] 2．通してシャドーイング。前日よりも滑らかにできるようになっていることを確認する。

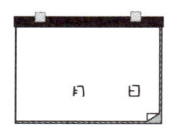

ステップ6 シャドーイング仕上げ
（テキスト　p.207）（**CD Track 3**）

☐ 1. 何も見ずに、通してシャドーイングをし、録音する。

☐ 2. 録音をステップ4の録音と比較してみる。マーカーで印をつけた箇所で、うまくいったところには、✓ 印をつけ、達成感を味わう。

☐ 3. うまくいかない箇所は、ステップ5に戻って、スラスラとできるまで練習する。

☐ 4. どうしてもできない箇所は、別の色で印をつけた上で、4週間後に、もう一度挑戦する。6週目のワークシート（p.88）のリマインダーに今日の日付を書き入れておく。

今週の言葉 ＜第2週＞

・ **You may delay, but time will not.** (Benjamin Franklin)
人は遅れることがあるかもしれないが、時は待ってくれない。
（ベンジャミン・フランクリン）

※時間の大切さを諭しています。私たちがぐずぐずしている間に、時は、どんどん過ぎていってしまうのですよね。

・ **He who would leap high must take a long run.** (Danish proverb)
高く飛ぼうと思ったら、長い助走が必要だ。（デンマークの諺）
※功績を上げるためには、それなりの準備が必要ということ。

CD 4 & 17

一週間サイクル・ワークシート
第3週

※練習した日付を記入しましょう。
※練習した項目の□欄に ✔ を入れましょう。

練習実施日
　年　　月　　日～　月　　日

ステップ1 キーワードを聞き取る
（テキスト　p.124）（CD Track 4）

☐ 1.　何も見ずに、CDを3回繰り返し聞く。
☐ 2.　要点と印象に残った語句を書き留める。
　　A）主要な内容についてわかったことを日本語で簡単に（一文で）書きましょう。

　　　_____

　　B）印象に残った語句を3つ書きましょう。

　　　1._____　2._____　3._____

☐ 3.　テキスト(p.124)を開き、キーワードが聞き取れたかどうか確認する。キーワードの中で、知らない語句があったら、下の注や辞書で確認する。

☐ 4.　テキストを閉じて、確認した語句に注意しながら、CDを繰り返し聞く。

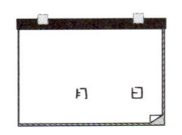

ステップ2 書き取る（テキスト p.138）(CD Track 4&17)

- [ ] 1. 何も見ずにCDを2回通して聞く。

- [ ] 2. 書き取り用ワークシート(p.138)を開いて、テキストに一通り目を通す。

- [ ] 3. CDを聞きながら、テキストの空所を埋める。

- [ ] 4. 書き取りが終わったら、スクリプト(p.154)を確認する。書き取れなかった箇所はマーカーで印をつける。

- [ ] 5. 聞き取れなかった部分に特に注意しながらCDを繰り返し聞く。

ステップ3 フレーズ読みをする
（スクリプト p.182）(CD Track 4 & 17)

- [ ] 1. テキストのスクリプトを見ながら、CDを3回繰り返し聞く。

- [ ] 2. スクリプトを見ずに、CDをさらに3回繰り返し聞く。まだわからない箇所があったら、スクリプトを再度確認する。

- [ ] 3. ポーズ入りCD (**CD Track 17**) を使って、ポーズのところで意味を言う。

- [ ] 4. ポーズ入りCDを聞きながら、フレーズごとに後について英語を言う。

- [ ] 5. CDについてフレーズ読みしているところを録音する。録音を聞き返し、うまくできなかった箇所を繰返し練習する。

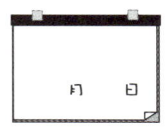

| ステップ4 | シャドーイング（テキスト　p.208）（CD Track 4） |

- [ ] 1. 何も見ないで、CDを3回通して聞く。

- [ ] 2. シャドーイング練習。CDを流しながら、少し遅れてついて発音していく。

- [ ] 3. 何度か練習した後、シャドーイングをしているところを録音する。

- [ ] 4. テキストを見ながら、録音を聞き返し、うまくできなかった箇所にマーカーで印をつける。

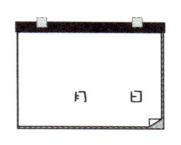

| ステップ5 | シャドーイング集中練習
（テキスト　p.208）（CD Track 4） |

- [ ] 1. 適宜、スクリプトを確認しながら、ステップ4でうまくできなかった箇所を練習する。

- [ ] 2. 通してシャドーイング。前日よりも滑らかにできるようになっていることを確認する。

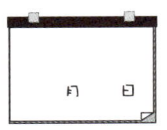

ステップ6 シャドーイング仕上げ
（テキスト　p.208）（CD Track 4）

☐ 1. 何も見ずに、通してシャドーイングをし、録音する。

☐ 2. 録音をステップ4の録音と比較してみる。マーカーで印をつけた箇所で、うまくいったところには、✓印をつけ、達成感を味わう。

☐ 3. うまくいかない箇所は、ステップ5に戻って、スラスラとできるまで練習する。

☐ 4. どうしてもできない箇所は、別の色で印をつけた上で、4週間後に、もう一度挑戦する。7週目のワークシート（p.92）のリマインダーに今日の日付を書き入れておく。

今週の言葉 ＜第3週＞

・**Four things never come back — the spoken word, the sped arrow, the past life, and the neglected opportunity.**　　（Arabian proverb）

4つ、戻って来ないものがある。それは、口から出た言葉、放たれた矢、過去の日々、そして、失った機会。　　　　　　　　　　　　　　　（アラビアの諺）

CD 5 & 18

一週間サイクル・ワークシート
第4週

※練習した日付を記入しましょう。
※練習した項目の□欄に✓を入れましょう。

練習実施日
　　年　　月　　日〜　　月　　日

ステップ1 キーワードを聞き取る
（テキスト　p.125）（CD Track 5）

☐ 1. 何も見ずに、CDを3回繰り返し聞く。
☐ 2. 要点と印象に残った語句を書き留める。
　A）主要な内容についてわかったことを日本語で簡単に（一文で）書きましょう。

　_____

　B）印象に残った語句を3つ書きましょう。

　1._____　2._____　3._____

☐ 3. テキスト（p.125）を開き、キーワードが聞き取れたかどうか確認する。キーワードの中で、知らない語句があったら、下の注や辞書で確認する。

☐ 4. テキストを閉じて、確認した語句に注意しながら、CDを繰り返し聞く。

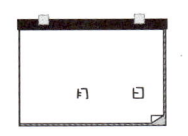

ステップ2　書き取る（テキスト　p.139）（CD Track 5&18）

- [ ] 1. 何も見ずにCDを2回通して聞く。

- [ ] 2. 書き取り用ワークシート（p.139）を開いて、テキストに一通り目を通す。

- [ ] 3. CDを聞きながら、テキストの空所を埋める。

- [ ] 4. 書き取りが終わったら、スクリプト（p.156）を確認する。書き取れなかった箇所はマーカーで印をつける。

- [ ] 5. 聞き取れなかった部分に特に注意しながらCDを繰り返し聞く。

ステップ3　フレーズ読みをする
（スクリプト　p.184）（CD Track 5 & 18）

- [ ] 1. テキストのスクリプトを見ながら、CDを3回繰り返し聞く。

- [ ] 2. スクリプトを見ずに、CDをさらに3回繰り返し聞く。まだわからない箇所があったら、スクリプトを再度確認する。

- [ ] 3. ポーズ入りCD（**CD Track 18**）を使って、ポーズのところで意味を言う。

- [ ] 4. ポーズ入りCDを聞きながら、フレーズごとに後について英語を言う。

- [ ] 5. CDについてフレーズ読みしているところを録音する。録音を聞き返し、うまくできなかった箇所を繰返し練習する。

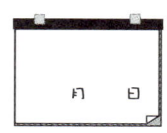

ステップ4　シャドーイング（テキスト　p.209）（CD Track 5）

- [ ] 1. 何も見ないで、CDを3回通して聞く。

- [ ] 2. シャドーイング練習。CDを流しながら、少し遅れてついて発音していく。

- [ ] 3. 何度か練習した後、シャドーイングをしているところを録音する。

- [ ] 4. テキストを見ながら、録音を聞き返し、うまくできなかった箇所にマーカーで印をつける。

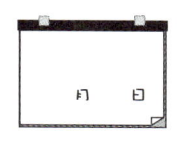

ステップ5　シャドーイング集中練習
（テキスト　p.209）（CD Track 5）

- [ ] 1. 適宜、スクリプトを確認しながら、ステップ4でうまくできなかった箇所を練習する。

- [ ] 2. 通してシャドーイング。前日よりも滑らかにできるようになっていることを確認する。

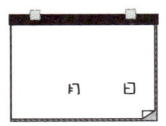

ステップ6	シャドーイング仕上げ

（テキスト　p.209）（CD Track 5）

☐　1.　何も見ずに、通してシャドーイングをし、録音する。

☐　2.　録音をステップ4の録音と比較してみる。マーカーで印をつけた箇所で、うまくいったところには、✓印をつけ、達成感を味わう。

☐　3.　うまくいかない箇所は、ステップ5に戻って、スラスラとできるまで練習する。

☐　4.　どうしてもできない箇所は、別の色で印をつけた上で、4週間後に、もう一度挑戦する。8週目のワークシート（p.96）のリマインダーに今日の日付を書き入れておく。

今週の言葉 ＜第4週＞

・**Beware of undertaking too much at the start. Be content with quite a little. Allow for accidents. Allow for human nature, especially your own.**　　　　　　　　　　　　　　　　（Arnold Bennett）

初めから、欲張ってはいけない。ほんの僅かで満足しなさい。ハプニングがあることも考慮に入れておきなさい。人間の特性（弱さ・怠慢など）も考慮に入れなさい。特に自分自身の特性を忘れずに。　　　　　　　　　（アーノルド・ベネット）

※特に、この最後の部分がいいですね。己の弱さをよく考えに入れて、計画をしなさい、ということです。

CD 6 & 19

一週間サイクル・ワークシート
第5週

リマインダー 第1週練習日　　　月　　　日のシャドーイングをやり直す
☐（きちんとできたらここにチェック✔します）

※練習した日付を記入しましょう。
※練習した項目の☐欄に✔を入れましょう。

練習実施日
年　　月　　日〜　月　　日

ステップ1　キーワードを聞き取る
（テキスト　p.126）（CD Track 6）

☐ 1. 何も見ずに、CDを3回繰り返し聞く。
☐ 2. 要点と印象に残った語句を書き留める。
　A) 主要な内容についてわかったことを日本語で簡単に（一文で）書きましょう。

　_____

　B) 印象に残った語句を3つ書きましょう。

　　1. _____　　2. _____　　3. _____

☐ 3. テキスト（p.126）を開き、キーワードが聞き取れたかどうか確認する。キーワードの中で、知らない語句があったら、下の注や辞書で確認する。

☐ 4. テキストを閉じて、確認した語句に注意しながら、CDを繰り返し聞く。

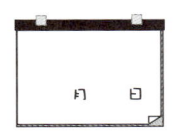

ステップ2　**書き取る** （テキスト　p.140）（**CD Track 6&19**）

☐ 1.　何も見ずにCDを2回通して聞く。

☐ 2.　書き取り用ワークシート（p.140）を開いて、テキストに一通り目を通す。

☐ 3.　CDを聞きながら、テキストの空所を埋める。
　　　※なるべく長い部分をまとめて聞いて書き取るように。

☐ 4.　書き取りが終わったら、スクリプト（p.158）を確認する。書き取れなかった箇所はマーカーで印をつける。

☐ 5.　聞き取れなかった部分に特に注意しながらCDを繰り返し聞く。

ステップ3　**フレーズ読みをする**
（スクリプト　p.186）（**CD Track 6 & 19**）

☐ 1.　テキストのスクリプトを見ながら、CDを3回繰り返し聞く。

☐ 2.　スクリプトを見ずに、CDをさらに3回繰り返し聞く。まだわからない箇所があったら、スクリプトを再度確認する。

☐ 3.　ポーズ入りCD（**CD Track 19**）を使って、ポーズのところで意味を言う。

☐ 4.　ポーズ入りCDを聞きながら、フレーズごとに後について英語を言う。

☐ 5.　CDについてフレーズ読みしているところを録音する。録音を聞き返し、うまくできなかった箇所を繰返し練習する。

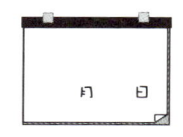

ステップ4 シャドーイング（テキスト p.210）（CD Track 6）

☐ 1．何も見ないで、CDを3回通して聞く。

☐ 2．シャドーイング練習。CDを流しながら、少し遅れてついて発音していく。

☐ 3．何度か練習した後、シャドーイングをしているところを録音する。

☐ 4．テキストを見ながら、録音を聞き返し、うまくできなかった箇所にマーカーで印をつける。

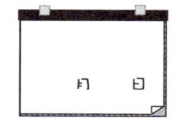

ステップ5 シャドーイング集中練習
（テキスト p.210）（CD Track 6）

☐ 1．適宜、スクリプトを確認しながら、ステップ4でうまくできなかった箇所を練習する。

☐ 2．通してシャドーイング。前日よりも滑らかにできるようになっていることを確認する。

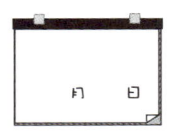

ステップ6 シャドーイング仕上げ
（テキスト p.210）（CD Track 6）

☐ 1. 何も見ずに、通してシャドーイングをし、録音する。

☐ 2. 録音をステップ4の録音と比較してみる。マーカーで印をつけた箇所で、うまくいったところには、✔ 印をつけ、達成感を味わう。

☐ 3. うまくいかない箇所は、ステップ5に戻って、スラスラとできるまで練習する。

☐ 4. どうしてもできない箇所は、別の色で印をつけた上で、4週間後に、もう一度挑戦する。9週目のワークシート（p.100）のリマインダーに今日の日付を書き入れておく。

今週の言葉 ＜第5週＞

- **The aim of art is to represent not the outward appearance of things, but their inward significance.** （Aristotle）

  芸術の目的は、物事の外見を再現することではなく、内面の重要性を再現することである。 （アリストテレス）

CD 7 & 20

一週間サイクル・ワークシート
第6週

リマインダー 第2週練習日　　　月　　　日のシャドーイングをやり直す
☐ (きちんとできたらここにチェック✔します)

※練習した日付を記入しましょう。
※練習した項目の☐欄に✔を入れましょう。

練習実施日
　年　　月　　日〜　月　　日

　月　　日

ステップ1　キーワードを聞き取る
（テキスト　p.127）（CD Track 7）

☐ 1. 何も見ずに、CDを3回繰り返し聞く。
☐ 2. 要点と印象に残った語句を書き留める。
　A) 主要な内容についてわかったことを日本語で簡単に（一文で）書きましょう。

　_____

　B) 印象に残った語句を3つ書きましょう。

　1._____　2._____　3._____

☐ 3. テキスト(p.127)を開き、キーワードが聞き取れたかどうか確認する。キーワードの中で、知らない語句があったら、下の注や辞書で確認する。

☐ 4. テキストを閉じて、確認した語句に注意しながら、CDを繰り返し聞く。

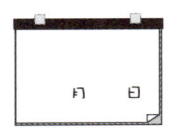

ステップ2 書き取る（テキスト　p.141）（CD Track 7&20）

- [ ] 1. 何も見ずにCDを2回通して聞く。

- [ ] 2. 書き取り用ワークシート(p.141)を開いて、テキストに一通り目を通す。

- [ ] 3. CDを聞きながら、テキストの空所を埋める。
    ※なるべく長い部分をまとめて聞いて書き取るように。

- [ ] 4. 書き取りが終わったら、スクリプト(p.160)を確認する。書き取れなかった箇所はマーカーで印をつける。

- [ ] 5. 聞き取れなかった部分に特に注意しながらCDを繰り返し聞く。

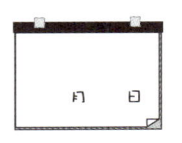

ステップ3 フレーズ読みをする
（スクリプト　p.188）（CD Track 7 & 20）

- [ ] 1. 別冊のテキストのスクリプトを見ながら、CDを3回繰り返し聞く。

- [ ] 2. スクリプトを見ずに、CDをさらに3回繰り返し聞く。まだわからない箇所があったら、スクリプトを再度確認する。

- [ ] 3. ポーズ入りCD（**CD Track 20**）を使って、ポーズのところで意味を言う。

- [ ] 4. ポーズ入りCDを聞きながら、フレーズごとに後について英語を言う。

- [ ] 5. CDについてフレーズ読みしているところを録音する。録音を聞き返し、うまくできなかった箇所を繰返し練習する。

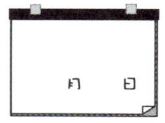

ステップ4 シャドーイング（テキスト　p.211）（CD Track 7）

☐ 1. 何も見ないで、CDを3回通して聞く。

☐ 2. シャドーイング練習。CDを流しながら、少し遅れてついて発音していく。

☐ 3. 何度か練習した後、シャドーイングをしているところを録音する。

☐ 4. テキストを見ながら、録音を聞き返し、うまくできなかった箇所にマーカーで印をつける。

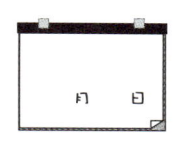

ステップ5 シャドーイング集中練習
（テキスト　p.211）（CD Track 7）

☐ 1. 適宜、スクリプトを確認しながら、ステップ4でうまくできなかった箇所を練習する。

☐ 2. 通してシャドーイング。前日よりも滑らかにできるようになっていることを確認する。

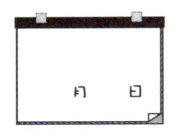

| ステップ6 | シャドーイング仕上げ |
（テキスト p.211）(CD Track 7)

☐ 1. 何も見ずに、通してシャドーイングをし、録音する。

☐ 2. 録音をステップ4の録音と比較してみる。マーカーで印をつけた箇所で、うまくいったところには、✓印をつけ、達成感を味わう。

☐ 3. うまくいかない箇所は、ステップ5に戻って、スラスラとできるまで練習する。

☐ 4. どうしてもできない箇所は、別の色で印をつけた上で、4週間後に、もう一度挑戦する。10週目のワークシート（p.104）のリマインダーに今日の日付を書き入れておく。

今週の言葉 ＜第6週＞

· **After silence, that which comes nearest to expressing the inexpressible is music.** （Aldous Huxley）

表現不可能なことを表現する手段は、沈黙しかないが、その次に一番近いのは音楽である。 　　　　　　　　　　　　　　　　　　　　（アルダス・ハックスレー）

一週間サイクル・ワークシート
第7週

CD 8 & 21

リマインダー　第3週練習日　　月　　日のシャドーイングをやり直す
　　　　　　　□（きちんとできたらここにチェック✔します）

※練習した日付を記入しましょう。
※練習した項目の□欄に✔を入れましょう。

練習実施日
　　年　　月　　日〜　月　　日

ステップ1　キーワードを聞き取る
（テキスト　p.128）（CD Track 8）

□ 1.　何も見ずに、CDを3回繰り返し聞く。
□ 2.　要点と印象に残った語句を書き留める。
　A) 主要な内容についてわかったことを日本語で簡単に（一文で）書きましょう。

　_____

　B) 印象に残った語句を3つ書きましょう。

　　1._____　2._____　3._____

□ 3.　テキスト（p.128）を開き、キーワードが聞き取れたかどうか確認する。キーワードの中で、知らない語句があったら、下の注や辞書で確認する。

□ 4.　テキストを閉じて、確認した語句に注意しながら、CDを繰り返し聞く。

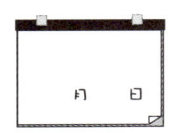

ステップ2　書き取る（テキスト　p.142）（CD Track 8&21）

☐ 1. 何も見ずにCDを2回通して聞く。

☐ 2. 書き取り用ワークシート(p.142)を開いて、テキストに一通り目を通す。

☐ 3. CDを聞きながら、テキストの空所を埋める。
　　　※なるべく長い部分をまとめて聞いて書き取るように。

☐ 4. 書き取りが終わったら、スクリプト(p.162)を確認する。書き取れなかった箇所はマーカーで印をつける。

☐ 5. 聞き取れなかった部分に特に注意しながらCDを繰り返し聞く。

ステップ3　フレーズ読みをする
（スクリプト　p.190）（CD Track 8 & 21）

☐ 1. 別冊のテキストのスクリプトを見ながら、CDを3回繰り返し聞く。

☐ 2. スクリプトを見ずに、CDをさらに3回繰り返し聞く。まだわからない箇所があったら、スクリプトを再度確認する。

☐ 3. ポーズ入りCD（**CD Track 21**）を使って、ポーズのところで意味を言う。

☐ 4. ポーズ入りCDを聞きながら、フレーズごとに後について英語を言う。

☐ 5. CDについてフレーズ読みしているところを録音する。録音を聞き返し、うまくできなかった箇所を繰返し練習する。

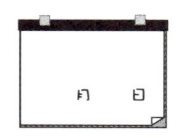

ステップ4　シャドーイング（テキスト　p.212）（**CD Track 8**）

- [ ] 1. 何も見ないで、CDを3回通して聞く。

- [ ] 2. シャドーイング練習。CDを流しながら、少し遅れてついて発音していく。

- [ ] 3. 何度か練習した後、シャドーイングをしているところを録音する。

- [ ] 4. テキストを見ながら、録音を聞き返し、うまくできなかった箇所にマーカーで印をつける。

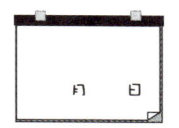

ステップ5　シャドーイング集中練習
（テキスト　p.212）（**CD Track 8**）

- [ ] 1. 適宜、スクリプトを確認しながら、ステップ4でうまくできなかった箇所を練習する。

- [ ] 2. 通してシャドーイング。前日よりも滑らかにできるようになっていることを確認する。

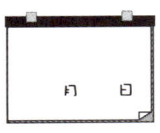

ステップ6　シャドーイング仕上げ
（テキスト　p.212）（CD Track 8）

☐ 1. 何も見ずに、通してシャドーイングをし、録音する。

☐ 2. 録音をステップ4の録音と比較してみる。マーカーで印をつけた箇所で、うまくいったところには、✓ 印をつけ、達成感を味わう。

☐ 3. うまくいかない箇所は、ステップ5に戻って、スラスラとできるまで練習する。

☐ 4. どうしてもできない箇所は、別の色で印をつけた上で、4週間後に、もう一度挑戦する。11週目のワークシート（p.108）のリマインダーに今日の日付を書き入れておく。

今週の言葉 ＜第7週＞

· **Every day I remind myself that my inner and outer life are based on the labours of other men, living and dead, and that I must exert myself in order to give to the same measure as I have received and am still receiving.**　　（Albert Einstein）

私の精神的世界も社会的な生活も、現存する人・過去の人を含め、他の人の努力のお陰であることを、毎日自分に言い聞かせている。これまで享受してきた、そして、今も享受しているのと同じだけのものを他の人に与えるために努力しなければ、と自分に言い聞かせている。　　（アルバート・アインシュタイン）

※アインシュタインのような偉人が、自分の功績は、他の人のお陰、と言っているところに、感動しますね。

CD 9 & 22

一週間サイクル・ワークシート
第8週

リマインダー　第4週練習日　　　月　　　日のシャドーイングをやり直す
☐（きちんとできたらここにチェック ✔ します）

※練習した日付を記入しましょう。
※練習した項目の☐欄に ✔ を入れましょう。

練習実施日
年　　月　　日〜　月　　日

ステップ1　キーワードを聞き取る
（テキスト　p.129）（CD Track 9）

☐ 1. 何も見ずに、CDを3回繰り返し聞く。
☐ 2. 要点と印象に残った語句を書き留める。
　A) 主要な内容についてわかったことを日本語で簡単に（一文で）書きましょう。

_____

　B) 印象に残った語句を3つ書きましょう。

　　1._____　2._____　3._____

☐ 3. テキスト(p.129)を開き、キーワードが聞き取れたかどうか確認する。キーワードの中で、知らない語句があったら、下の注や辞書で確認する。

☐ 4. テキストを閉じて、確認した語句に注意しながら、CDを繰り返し聞く。

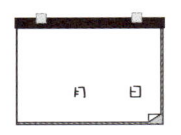

ステップ2　書き取る (テキスト　p.143) (CD Track 9&22)

- [ ] 1. 何も見ずにCDを2回通して聞く。

- [ ] 2. 書き取り用ワークシート (p.143) を開いて、テキストに一通り目を通す。

- [ ] 3. CDを聞きながら、テキストの空所を埋める。
  ※なるべく長い部分をまとめて聞いて書き取るように。

- [ ] 4. 書き取りが終わったら、スクリプト (p.164) を確認する。書き取れなかった箇所はマーカーで印をつける。

- [ ] 5. 聞き取れなかった部分に特に注意しながらCDを繰り返し聞く。

ステップ3　フレーズ読みをする
（スクリプト　p.192）(CD Track 9 & 22)

- [ ] 1. 別冊のテキストのスクリプトを見ながら、CDを3回繰り返し聞く。

- [ ] 2. スクリプトを見ずに、CDをさらに3回繰り返し聞く。まだわからない箇所があったら、スクリプトを再度確認する。

- [ ] 3. ポーズ入りCD (**CD Track 22**) を使って、ポーズのところで意味を言う。

- [ ] 4. ポーズ入りCDを聞きながら、フレーズごとに後について英語を言う。

- [ ] 5. CDについてフレーズ読みしているところを録音する。録音を聞き返し、うまくできなかった箇所を繰返し練習する。

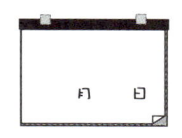

ステップ4 シャドーイング（テキスト p.213）（CD Track 9）

☐ 1. 何も見ないで、CDを3回通して聞く。

☐ 2. シャドーイング練習。CDを流しながら、少し遅れてついて発音していく。

☐ 3. 何度か練習した後、シャドーイングをしているところを録音する。

☐ 4. テキストを見ながら、録音を聞き返し、うまくできなかった箇所にマーカーで印をつける。

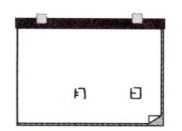

ステップ5 シャドーイング集中練習
（テキスト p.213）（CD Track 9）

☐ 1. 適宜、スクリプトを確認しながら、ステップ4でうまくできなかった箇所を練習する。

☐ 2. 通してシャドーイング。前日よりも滑らかにできるようになっていることを確認する。

ステップ6	シャドーイング仕上げ

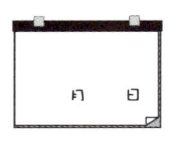

(テキスト p.213)(CD Track 9)

- [ ] 1. 何も見ずに、通してシャドーイングをし、録音する。

- [ ] 2. 録音をステップ4の録音と比較してみる。マーカーで印をつけた箇所で、うまくいったところには、✓印をつけ、達成感を味わう。

- [ ] 3. うまくいかない箇所は、ステップ5に戻って、スラスラとできるまで練習する。

- [ ] 4. どうしてもできない箇所は、別の色で印をつけた上で、4週間後に、もう一度挑戦する。12週目のワークシート(p.112)のリマインダーに今日の日付を書き入れておく。

今週の言葉 <第8週>

- **Our philosophy is not best expressed in words; it is expressed in the choices one makes.** (Eleanor Roosevelt)

  我々の信念を一番よく表すのは、言葉ではなく、私たちがする選択である。
  (エレノア・ルーズベルト)

  ※「私たちの選択」すなわち、折々の岐路で選ぶ判断・決断が、私たちの本当の信念を表すことになるのです。いくら口で偉そうなことを言っていても、実際に行動しなければ駄目ということ。

CD 10 & 23

一週間サイクル・ワークシート
第9週

リマインダー　第5週練習日　　月　　日のシャドーイングをやり直す
□（きちんとできたらここにチェック✔します）

※練習した日付を記入しましょう。
※練習した項目の□欄に✔を入れましょう。

練習実施日
　年　　月　　日〜　月　　日

ステップ1　キーワードを聞き取る
（テキスト　p.130）（CD Track 10）

□ 1. 何も見ずに、CDを3回繰り返し聞く。

□ 2. 要点と印象に残った語句を書き留める。
　　A）主要な内容についてわかったことを日本語で簡単に（一文で）書きましょう。

　　_____

　　B）印象に残った語句を3つ書きましょう。

　　1._____　2._____　3._____

□ 3. テキスト（p.130）を開き、キーワードが聞き取れたかどうか確認する。キーワードの中で、知らない語句があったら、下の注や辞書で確認する。

□ 4. テキストを閉じて、確認した語句に注意しながら、CDを繰り返し聞く。

100　英語トレーニング実践編

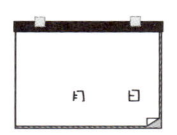

ステップ2 書き取る（テキスト p.144）（CD Track 10&23)

- [ ] 1. 何も見ずにCDを2回通して聞く。

- [ ] 2. 書き取り用ワークシート(p.144)を開いて、テキストに一通り目を通す。

- [ ] 3. CDを聞きながら、テキストの空所を埋める。
  ※なるべく長い部分をまとめて聞いて書き取るように。

- [ ] 4. 書き取りが終わったら、スクリプト（p.166）を確認する。書き取れなかった箇所はマーカーで印をつける。

- [ ] 5. 聞き取れなかった部分に特に注意しながらCDを聞く。

ステップ3 フレーズ読みをする
（スクリプト p.194）（CD Track 10 & 23）

- [ ] 1. 別冊のテキストのスクリプトを見ながら、CDを3回繰り返し聞く。

- [ ] 2. スクリプトを見ずに、CDをさらに3回繰り返し聞く。まだわからない箇所があったら、スクリプトを再度確認する。

- [ ] 3. ポーズ入りCD（**CD Track 23**）を使って、ポーズのところで意味を言う。

- [ ] 4. ポーズ入りCDを聞きながら、フレーズごとに後について英語を言う。

- [ ] 5. CDについてフレーズ読みしているところを録音する。録音を聞き返し、うまくできなかった箇所を繰返し練習する。

ステップ4 シャドーイング（テキスト p.214）（CD Track 10）

☐ 1. 何も見ないで、CDを3回通して聞く。

☐ 2. シャドーイング練習。CDを流しながら、少し遅れてついて発音していく。

☐ 3. 何度か練習した後、シャドーイングをしているところを録音する。

☐ 4. テキストを見ながら、録音を聞き返し、うまくできなかった箇所にマーカーで印をつける。

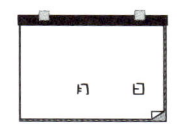

ステップ5 シャドーイング集中練習
（テキスト p.214）（CD Track 10）

☐ 1. 適宜、スクリプトを確認しながら、ステップ4でうまくできなかった箇所を練習する。

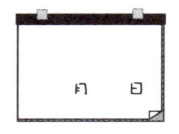

☐ 2. 通してシャドーイング。前日よりも滑らかにできるようになっていることを確認する。

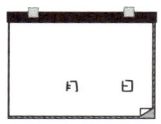

| ステップ6 | シャドーイング仕上げ
（テキスト　p.214）（CD Track 10）

☐ 1. 何も見ずに、通してシャドーイングをし、録音する。

☐ 2. 録音をステップ4の録音と比較してみる。マーカーで印をつけた箇所で、うまくいったところには、✔ 印をつけ、達成感を味わう。

☐ 3. うまくいかない箇所は、ステップ5に戻って、スラスラとできるまで練習する。

☐ 4. どうしてもできない箇所は、別の色で印をつけた上で、4週間後に、もう一度挑戦する。13週目のワークシート（p.116）のリマインダーに今日の日付を書き入れておく。

今週の言葉 ＜第9週＞

・**One of the advantages of being disorderly is that one is constantly making exciting discoveries.**　　　（A.A. Milne）

秩序のない生活をしていることの長所のひとつは、絶えず、面白い発見があることである。　　　（A.A.ミルン）

※机の周りがどうしてもぐちゃぐちゃで悩んでいる人、少しは、慰められますか。

CD 11 & 24

一週間サイクル・ワークシート
第10週

リマインダー 第6週練習日　　月　　日のシャドーイングをやり直す
□（きちんとできたらここにチェック✔します）

※練習した日付を記入しましょう。
※練習した項目の□欄に✔を入れましょう。

練習実施日
年　月　日〜　月　日

ステップ1　キーワードを聞き取る
（テキスト　p.131）（CD Track 11）

□ 1. 何も見ずに、CDを3回繰り返し聞く。
□ 2. 要点と印象に残った語句を書き留める。
　A）主要な内容についてわかったことを日本語で簡単に（一文で）書きましょう。

_____

　B）印象に残った語句を3つ書きましょう。

　1._____　2._____　3._____

□ 3. テキスト(p.131)を開き、キーワードが聞き取れたかどうか確認する。キーワードの中で、知らない語句があったら、下の注や辞書で確認する。

□ 4. テキストを閉じて、確認した語句に注意しながら、CDを繰り返し聞く。

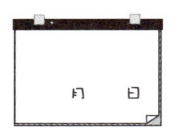

ステップ2　書き取る（テキスト　p.145）（CD Track 11&24）

☐ 1. 何も見ずにCDを2回通して聞く。

☐ 2. 書き取り用ワークシート（p.145）を開いて、テキストに一通り目を通す。

☐ 3. CDを聞きながら、テキストの空所を埋める。
　　　※なるべく長い部分をまとめて聞いて書き取るように。

☐ 4. 書き取りが終わったら、スクリプト（p.168）を確認する。書き取れなかった箇所はマーカーで印をつける。

☐ 5. 聞き取れなかった部分に特に注意しながらCDを繰り返し聞く。

ステップ3　フレーズ読みをする
　　　　　　（スクリプト　p.196）（CD Track 11 & 24）

☐ 1. 別冊のテキストのスクリプトを見ながら、CDを3回繰り返し聞く。

☐ 2. スクリプトを見ずに、CDをさらに3回繰り返し聞く。まだわからない箇所があったら、スクリプトを再度確認する。

☐ 3. ポーズ入りCD（**CD Track 24**）を使って、ポーズのところで意味を言う。

☐ 4. ポーズ入りCDを聞きながら、フレーズごとに後について英語を言う。

☐ 5. CDについてフレーズ読みしているところを録音する。録音を聞き返し、うまくできなかった箇所を繰返し練習する。

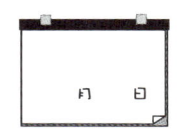

ステップ4 シャドーイング（テキスト　p.215）（**CD Track 11**）

☐ 1．何も見ないで、CDを3回通して聞く。

☐ 2．シャドーイング練習。CDを流しながら、少し遅れてついて発音していく。

☐ 3．何度か練習した後、シャドーイングをしているところを録音する。

☐ 4．テキストを見ながら、録音を聞き返し、うまくできなかった箇所にマーカーで印をつける。

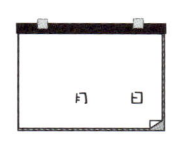

ステップ5 シャドーイング集中練習
（テキスト　p.215）（**CD Track 11**）

☐ 1．適宜、スクリプトを確認しながら、ステップ4でうまくできなかった箇所を練習する。

☐ 2．通してシャドーイング。前日よりも滑らかにできるようになっていることを確認する。

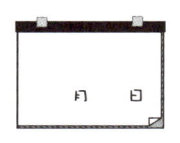

ステップ6 シャドーイング仕上げ
（テキスト p.215）（CD Track 11）

☐ 1. 何も見ずに、通してシャドーイングをし、録音する。

☐ 2. 録音をステップ4の録音と比較してみる。マーカーで印をつけた箇所で、うまくいったところには、✓印をつけ、達成感を味わう。

☐ 3. うまくいかない箇所は、ステップ5に戻って、スラスラとできるまで練習する。

☐ 4. どうしてもできない箇所は、別の色で印をつけた上で、4週間後に、もう一度挑戦する。

今週の言葉＜第10週＞

· **It is only with the heart that one can see rightly; what is essential is invisible to the eye.** （Antoine de Saint-Exupéry "The Little Prince"）

心の目でしか、ものを正しく見ることはできないんだよ。本当に大切なことは、目には見えないんだ。

（アントワーヌ・ド・サンテグジュペリ）

※「星の王子様」の有名な一節です。

CD 12 & 25

一週間サイクル・ワークシート
第11週

リマインダー 第7週練習日　　月　　日のシャドーイングをやり直す
　　　　　　□（きちんとできたらここにチェック ✓ します）

※練習した日付を記入しましょう。
※練習した項目の□欄に ✓ を入れましょう。

練習実施日
　年　　月　　日〜　月　　日

ステップ1　**キーワードを聞き取る**
（テキスト　p.132）（**CD Track 12**）

□ 1.　何も見ずに、CDを3回繰り返し聞く。
□ 2.　要点と印象に残った語句を書き留める。
　A）主要な内容についてわかったことを日本語で簡単に（一文で）書きましょう。

　　_____

　B）印象に残った語句を3つ書きましょう。

　　1._____　2._____　3._____

□ 3.　テキスト(p.132)を開き、キーワードが聞き取れたかどうか確認する。キーワードの中で、知らない語句があったら、下の注や辞書で確認する。

□ 4.　テキストを閉じて、確認した語句に注意しながら、CDを繰り返し聞く。

108　英語トレーニング実践編

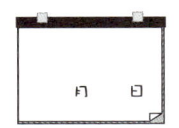

ステップ2　書き取る（テキスト　p.146）（CD Track 12&25）

☐ 1.　何も見ずにCDを2回通して聞く。

☐ 2.　書き取り用ワークシート（p.146）を開いて、テキストに一通り目を通す。

☐ 3.　CDを聞きながら、テキストの空所を埋める。
　　　※なるべく長い部分をまとめて聞いて書き取るように。

☐ 4.　書き取りが終わったら、スクリプト（p.170）を確認する。書き取れなかった箇所はマーカーで印をつける。

☐ 5.　聞き取れなかった部分に特に注意しながらCDを繰り返し聞く。

ステップ3　フレーズ読みをする
（スクリプト　p.198）（CD Track 12 & 25）

☐ 1.　別冊のテキストのスクリプトを見ながら、CDを3回繰り返し聞く。

☐ 2.　スクリプトを見ずに、CDをさらに3回繰り返し聞く。まだわからない箇所があったら、スクリプトを再度確認する。

☐ 3.　ポーズ入りCD（**CD Track 25**）を使って、ポーズのところで意味を言う。

☐ 4.　ポーズ入りCDを聞きながら、フレーズごとに後について英語を言う。

☐ 5.　CDについてフレーズ読みしているところを録音する。録音を聞き返し、うまくできなかった箇所を繰返し練習する。

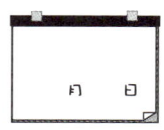

ステップ4 シャドーイング（テキスト p.216）(CD Track 12)

☐ 1. 何も見ないで、CDを3回通して聞く。

☐ 2. シャドーイング練習。CDを流しながら、少し遅れてついて発音していく。

☐ 3. 何度か練習した後、シャドーイングをしているところを録音する。

☐ 4. テキストを見ながら、録音を聞き返し、うまくできなかった箇所にマーカーで印をつける。

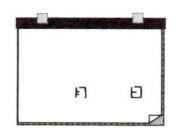

ステップ5 シャドーイング集中練習
（テキスト p.216）(CD Track 12)

☐ 1. 適宜、スクリプトを確認しながら、ステップ4でうまくできなかった箇所を練習する。

☐ 2. 通してシャドーイング。前日よりも滑らかにできるようになっていることを確認する。

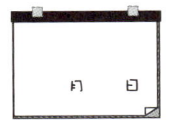

ステップ6	シャドーイング仕上げ

(テキスト p.216) (CD Track 12)

☐ 1. 何も見ずに、通してシャドーイングをし、録音する。

☐ 2. 録音をステップ4の録音と比較してみる。マーカーで印をつけた箇所で、うまくいったところには、✓ 印をつけ、達成感を味わう。

☐ 3. うまくいかない箇所は、ステップ5に戻って、スラスラとできるまで練習する。

☐ 4. どうしてもできない箇所は、別の色で印をつけた上で、4週間後に、もう一度挑戦する。

今週の言葉 ＜第11週＞

- **Sunshine is delicious, rain is refreshing, wind braces us up, snow is exhilarating; there is really no such thing as bad weather, only different kinds of good weather.** (John Ruskin)

  陽光はまぶしい、雨はすがすがしい、風は、私たちを奮い立たせる、雪は、気分を明るくしてくれる。本当のところ、悪い天気などというものはないのだ。違うタイプのよい天気があるだけなのだ。　　　　　（ジョン・ラスキン）

  ※イギリスは、非常に天気が変わりやすいので、こんな風に達観する必要があるのかもしれません。でも、日本人も、古来、五月雨や雪景色を愛でる伝統がありますので、共感を覚えるでしょうか。

CD 13 & 26

一週間サイクル・ワークシート
第12週

リマインダー 第8週練習日　　月　　日のシャドーイングをやり直す
☐（きちんとできたらここにチェック ✔ します）

※練習した日付を記入しましょう。
※練習した項目の☐欄に ✔ を入れましょう。

練習実施日
　年　　月　　日〜　月　　日

ステップ1 キーワードを聞き取る
（テキスト　p.133）（CD Track 13）

☐ 1. 何も見ずに、CDを3回繰り返し聞く。
☐ 2. 要点と印象に残った語句を書き留める。
　A）主要な内容についてわかったことを日本語で簡単に（一文で）書きましょう。

_____

　B）印象に残った語句を3つ書きましょう。

　　1._____　2._____　3._____

☐ 3. テキスト（p.133）を開き、キーワードが聞き取れたかどうか確認する。キーワードの中で、知らない語句があったら、下の注や辞書で確認する。

☐ 4. テキストを閉じて、確認した語句に注意しながら、CDを繰り返し聞く。

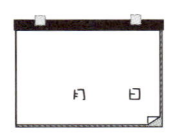

ステップ2　書き取る（テキスト　p.147）（CD Track 13&26）

☐ 1.　何も見ずにCDを2回通して聞く。

☐ 2.　書き取り用ワークシート（p.147）を開いて、テキストに一通り目を通す。

☐ 3.　CDを聞きながら、テキストの空所を埋める。
　　　※なるべく長い部分をまとめて聞いて書き取るように。

☐ 4.　書き取りが終わったら、スクリプト（p.172）を確認する。書き取れなかった箇所はマーカーで印をつける。

☐ 5.　聞き取れなかった部分に特に注意しながらCDを繰り返し聞く。

ステップ3　フレーズ読みをする
（スクリプト　p.200）（CD Track 13 & 26）

☐ 1.　別冊のテキストのスクリプトを見ながら、CDを3回繰り返し聞く。

☐ 2.　スクリプトを見ずに、CDをさらに3回繰り返し聞く。まだわからない箇所があったら、スクリプトを再度確認する。

☐ 3.　ポーズ入りCD（**CD Track 26**）を使って、ポーズのところで意味を言う。

☐ 4.　ポーズ入りCDを聞きながら、フレーズごとに後について英語を言う。

☐ 5.　CDについてフレーズ読みしているところを録音する。録音を聞き返し、うまくできなかった箇所を繰返し練習する。

一週間サイクル・ワークシート

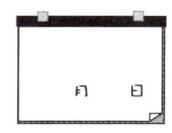

ステップ4 シャドーイング（テキスト p.217）（CD Track 13）

☐ 1. 何も見ないで、CDを3回通して聞く。

☐ 2. シャドーイング練習。CDを流しながら、少し遅れてついて発音していく。

☐ 3. 何度か練習した後、シャドーイングをしているところを録音する。

☐ 4. テキストを見ながら、録音を聞き返し、うまくできなかった箇所にマーカーで印をつける。

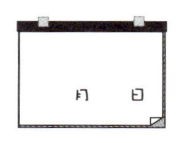

ステップ5 シャドーイング集中練習
（テキスト p.217）（CD Track 13）

☐ 1. 適宜、スクリプトを確認しながら、ステップ4でうまくできなかった箇所を練習する。

☐ 2. 通してシャドーイング。前日よりも滑らかにできるようになっていることを確認する。

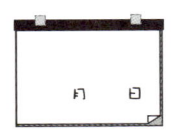

ステップ6 シャドーイング仕上げ
(テキスト p.217)(CD Track 13)

- [ ] 1. 何も見ずに、通してシャドーイングをし、録音する。

- [ ] 2. 録音をステップ4の録音と比較してみる。マーカーで印をつけた箇所で、うまくいったところには、✓ 印をつけ、達成感を味わう。

- [ ] 3. うまくいかない箇所は、ステップ5に戻って、スラスラとできるまで練習する。

- [ ] 4. どうしてもできない箇所は、別の色で印をつけた上で、4週間後に、もう一度挑戦する。

今週の言葉 ＜第12週＞

Anyone who stops learning is old, whether at twenty or eighty. Anyone who keeps learning stays young. The greatest thing in life is to keep your mind young. (Henry Ford)

実際の年齢が20歳であろうと、80歳であろうと、学ぶことを止めた人間は、老人だ。学び続ける人は、いくつになっても若々しい。人生で一番大切なことは、精神的な若さを保つことである。　　　　　　　　　　（ヘンリー・フォード）

CD 14 & 27

一週間サイクル・ワークシート
第13週

リマインダー 第9週練習日　　月　　日のシャドーイングをやり直す
☐（きちんとできたらここにチェック ✔ します）

※練習した日付を記入しましょう。
※練習した項目の☐欄に ✔ を入れましょう。

練習実施日
年　　月　　日〜　月　　日

ステップ1　キーワードを聞き取る
（テキスト　p.134）（CD Track 14）

☐ 1. 何も見ずに、CDを3回繰り返し聞く。
☐ 2. 要点と印象に残った語句を書き留める。
　A）主要な内容についてわかったことを日本語で簡単に（一文で）書きましょう。

_____

　B）印象に残った語句を3つ書きましょう。

　　1._____　2._____　3._____

☐ 3. テキスト(p.134)を開き、キーワードが聞き取れたかどうか確認する。キーワードの中で、知らない語句があったら、下の注や辞書で確認する。

☐ 4. テキストを閉じて、確認した語句に注意しながら、CDを繰り返し聞く。

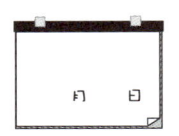

ステップ2 書き取る（テキスト　p.148）（**CD Track 14&27**）

☐ 1. 何も見ずにCDを2回通して聞く。

☐ 2. 書き取り用ワークシート（p.148）を開いて、テキストに一通り目を通す。

☐ 3. CDを聞きながら、テキストの空所を埋める。
　　　※なるべく長い部分をまとめて聞いて書き取るように。

☐ 4. 書き取りが終わったら、スクリプト（p.174）を確認する。書き取れなかった箇所はマーカーで印をつける。

☐ 5. 聞き取れなかった部分に特に注意しながらCDを繰り返し聞く。

ステップ3 フレーズ読みをする
（スクリプト　p.202）（**CD Track 14&27**）

☐ 1. 別冊のテキストのスクリプトを見ながら、CDを3回繰り返し聞く。

☐ 2. スクリプトを見ずに、CDをさらに3回繰り返し聞く。まだわからない箇所があったら、スクリプトを再度確認する。

☐ 3. ポーズ入りCD（**CD Track 27**）を使って、ポーズのところで意味を言う。

☐ 4. ポーズ入りCDを聞きながら、フレーズごとに後について英語を言う。

☐ 5. CDについてフレーズ読みしているところを録音する。録音を聞き返し、うまくできなかった箇所を繰返し練習する。

ステップ4　シャドーイング　（テキスト　p.218）（CD Track 14）

☐ 1. 何も見ないで、CDを3回通して聞く。

☐ 2. シャドーイング練習。CDを流しながら、少し遅れてついて発音していく。

☐ 3. 何度か練習した後、シャドーイングをしているところを録音する。

☐ 4. テキストを見ながら、録音を聞き返し、うまくできなかった箇所にマーカーで印をつける。

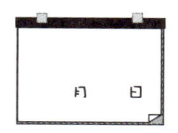

ステップ5　シャドーイング集中練習
（テキスト　p.218）（CD Track 14）

☐ 1. 適宜、スクリプトを確認しながら、ステップ4でうまくできなかった箇所を練習する。

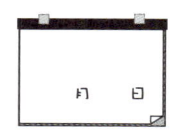

☐ 2. 通してシャドーイング。前日よりも滑らかにできるようになっていることを確認する。

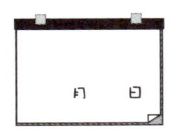

ステップ6 シャドーイング仕上げ
（テキスト p.218）（**CD Track 14**）

☐ 1. 何も見ずに、通してシャドーイングをし、録音する。

☐ 2. 録音をステップ4の録音と比較してみる。マーカーで印をつけた箇所で、うまくいったところには、✓ 印をつけ、達成感を味わう。

☐ 3. うまくいかない箇所は、ステップ5に戻って、スラスラとできるまで練習する。

☐ 4. どうしてもできない箇所は、別の色で印をつけた上で、4週間後に、もう一度挑戦する。

今週の言葉 ＜第13週＞

- **I do not know what I may appear to the world; but to myself, I seem to have been only like a boy playing on the seashore, and diverting myself in now and then finding a smoother or a prettier shell than ordinary, whilst the great ocean of truth lay all undiscovered before me.**　　　　　　　　　　　　　　(Isaac Newton)

世間の人が、私をどう思っているかはわからないが、自分自身では、浜辺で遊ぶ小さな子供でしかなかったように思う。時折、普通よりはちょっと滑らかな貝やきれいな貝を見つけて喜んではみるものの、目の前には、真実という大海原が、まだ発見されないまま広がっていたように思う。　　（アイザック・ニュートン）

※私は、ニュートンのこの言葉が大好きです。偉大な人ほど、こんな風にとても謙虚で、自分の知識など、ほんの僅かでしかないことを知っているのですね。見習いたいと思います。

STEP 1

各週第1日目
キーワード聞き取り用チェックリスト

1. 何も見ずに、CDを3回繰り返し聞く。

2. 要点と印象に残った語句を書き留める。

3. テキストを開いて、キーワードが聞き取れたかどうか確認する。
   ※キーワードの中で、知らない語句があったら、下の注や辞書で確認する。

4. テキストを閉じて、確認した語句に注意しながら、CDを繰り返し聞く。

第1週
The hare and the hedgehog (No.1)

fable　　hare　　tortoise　　story　　hare　　Hedgehog

folk tale　　Brothers Grimm　　Germany　　19th century

Sunday morning　　Mr Hedgehog　　go for a walk　　Mr Hare

proud　　importance　　politely　　What are you doing

explained　　inspect　　turnips　　scornful　　crooked　　legs

offended　　his legs　　insulted　　true　　crooked　　nature

indignation　　replied　　crooked　　serve　　very well

I bet　　run faster

【注】
fable：（動物）寓話
hedgehog：ハリネズミ
turnips：カブラ
offended：気を悪くして
I bet：きっと〜だ、〜に違いない

hare：ウサギ
the Brothers Grimm：グリム兄弟
scornful：軽蔑した
insulted：侮辱を受ける

tortoise：カメ
inspect：検査する、調べる、調査する
crooked：曲がった
indignation：怒り、憤慨

第2週
The hare and the hedgehog (No.2)

scornful   incredulous   Run faster   impossible
challenge   race   prize   agreed   gold coin   brandy
looking forward   brandy   start   straightaway   needed
breakfast   meet   same place   an hour later

got home   his wife   what   happened   very upset
my goodness   What   done   What   do   not
worry   Everything   fine   told   Meanwhile   enjoy
breakfast   hour later   set out   instructions   wait
bush   bottom   field   came along   jump out
got   first

【注】
incredulous：懐疑的な、容易に信じない
agree on：〜について合意する
oh my goodness!：あらまあ！（感嘆を表す口語表現）
as long as：〜する限りは
instruction：指示

prize：賞品
looking forward to：〜を楽しみに待つ
what on earth：一体全体
set out：出発する

第3週
The hare and the hedgehog (No.3)

meet　　top　　field　　race　　start　　confidence　　ready
run　　GO　　sped off　　storm wind　　ran forward
two or three steps　　sat down　　approaching　　bottom
Mrs Hedgehog　　coming　　instructions　　stepped out
bush　　shouted　　first

astounded　　exactly　　husband　　thought　　lost
Determined　　chance　　race back again　　waiting　　answer
sped off　　storm wind　　top　　field　　saw　　coming
got up　　shouted

【注】
confidence：自信
astounded：びっくり仰天して
determined：決心して、断固として
sped：speed（疾走する）の過去・過去分詞形
look exactly like：そっくり

第4週
The hare and the hedgehog (No.4)

upset   refused   defeat   challenged   continue
Altogether   up and down   73 times   Every time   top
bottom   field   jump up   shout   74th   exhausted
middle   field   collapsed   blood   nose

won   collected   brandy   gold coin   happily
his wife   contentedly   moral   story   first   proud
successful   shouldn't make fun   only   Secondly
thinking   married   marry   happen   make sure   wife

【注】
upset：動揺して、気が動転して、うろたえて、腹を立てて
refused to：～することを拒む　　Every time：いつも～する度に（接続詞的な働き）
exhausted：疲れて果てた　　ever after：その後ずっと　　collapse：倒れる
contentedly：満足そうに　　moral：教訓　　make fun of：～を物笑いの種にする
make sure：間違いなく～するようにする

第5週
Our family and other animals (No.1)

childhood   family   spacious house   large garden   wild vegetable patches   flower beds   woody   forest   field paddock   advantages   keep   variety   animals lasted   longer   learnt something

Sadly   first lessons   mortality   love   no living thing survives   for ever   My first pet   guinea pig   Sandy yellowish fur   Sandy's time   particularly short soon after   arrival   departed   heaven   remember accepted   philosophically   several years later   what actually   happened   attacked   eaten   neighbour's dog no one   told me   upsetting

【注】
spacious：広大な
advantage：利点、メリット
guinea pig：モルモット
paddock：小放牧場
mortality：命に限りがあること、死
particularly：特に、特別に
philosophically：哲学的に（望ましくない出来事などに対し、嘆き悲しんでも仕方がないと思い、半ば諦め、悟って、物事を受容するときによく用いる）

第6週 Our family and other animals (No.2)

second lesson　persistence　tortoise　William　lettuces
garden　large　everyone　tortoises　move slowly
However　quickly　lettuces　concerned　Several times
picked　opposite end　next day　always　back
lettuce patch

interesting characteristic　sleep　all winter　disappear
years　Once　disappeared　two　years　stolen
reappeared　lettuce patch　another tortoise　not William
very likely　make sure　painted　blue　shell
identifying　next time　reappeared

【注】
persistence：粘り強さ
as far as ～ is concerned（～に関しては）の応用で、as far asの代わりにwhereを用いている
opposite：反対の、逆の　　characteristic：特徴、性格　　vaguely：漠然と、あいまいに
to make sure：念の為　　so that — can：～できるように　　shell：カメの甲羅
identify：確認する、識別する　the next time：次に～するときに（接続詞の働き）

第 7 週
Our family and other animals (No.3)

Tortoises   uncommunicative   self-sufficient   creatures
Establish   personal relationship   Dogs   different
next pet   Jack Russell terrier   Tess   so well   at first
young   arrived   treated   same way   teddy bear
Understandably   deserved   greater respect   point
clear   teeth   growl   misbehaving   However   only
beginning   established   understanding   important
childhood

grow up   long explorations   countryside   walking
five or six miles   imagined   intrepid explorer
faithful companion   Sometimes   gone   too far
returning home   long walk   neighbour   where
exclaimed   how lovely   confirmation   walking slowly
panting   tired   entirely certain   agreed

【注】
uncommunicative：無口な　　self-sufficient：自足できる　　establish：確立する
deserve：～にふさわしい、～を受けるに値する　　　　　　　　absolutely：絶対に
growl：うなり声　　　　　　misbehave：無作法に振舞う　　　exploration：探検
mile：マイル（1マイル＝約1.6km）　intrepid：勇敢な、恐れを知らない
faithful：忠実な、信頼できる　not entirely：完全に～というわけではない（部分否定）

第8週
Our family and other animals (No.4)

long walks　　real passion　　chasing stones　　Other dogs
balls　　sticks　　cared　　stones　　digging　　beach
combine　　interests　　throw stones　　pick up　　retrieve
got bored　　sit down　　dig　　sand　　stone　　buried
large hole

no idea　　why　　admire　　all the more　　over-busy
relax　　enjoyment　　energetic activity　　no particular purpose
just fun　　whole life　　14 years　　next two animals
shorter　　paddock　　stable　　no horse　　no animal
eat the grass　　long and untidy　　neighbour　　solution
farmer　　lend　　two sheep

【注】
disdain：軽蔑する、侮蔑する
retrieve：取り戻す、回復する
all the more：～だからいっそう、なおさら
care for：～を大事に思う、～を好む
have no idea：全く分からない
stable：馬小屋

第9週
Our family and other animals (No.5)

distance   sheep   gentle   innocent   creatures   grass
told   image   deception   discovered   initiative
exploring   English saying   general approach   grass
greener   other side   fence   our sheep   escaped

neighbour   sheep dog   couldn't help   my parents
catch the sheep   easy   ran   one way   my father
intercept   different directions   chased   shouting loudly
whole exercise   a lot of chasing   a lot of puffing
distressed   my mother   compassionate   sorry   mistake
voicing   concern   poor sheep   upset   distressed
ought to   feel sorry

【注】
from a distance：遠くから　　innocent：無邪気な　　deception：だますこと、欺くこと
initiative：主導、自発性　　saying：諺　　sheep dog：牧羊犬
intercept：妨害、阻止すること　distressed：悩んで、悲しんで、行き詰った
puffing：あえぎ、ハーハーすること　　compassionate：心の優しい、同情的な
voice：声に出す、表現する

第10週
Standing in line (No.1)

reading   memoirs   British musician   spent
Second World War   Greece   incident   describes
what happened   returned   Britain   adventures
first things   line of people   standing patiently   queue
deep   emotion   Greeks   chaotic   stand in lines
British   disciplined   considerate   how to behave
properly   at last

Europe   at least   famous   willingness   patiently
waiting   theatre ticket   served   shop   more or less
story   practical jokers   started a queue   non-existent
attraction   fun fair   anything to see or do   joined   soon
long line   people   queuing   natural thing

【注】
memoirs：回顧録、自叙伝
patiently：辛抱強く、我慢強く
chaotic：雑然とした、無秩序状態の
considerate：思いやりのある、親切な
practical jokers：悪さをする人

incident：出来事、ハプニング
queue：列に並ぶ、列（英）
disciplined：規律のある
willingness to：～する意欲、意思
fun fair：遊園地（英）

第11週
Standing in line (No.2)

stereotype   truth   children   taught   polite   yield
For example   two people   go   door   at the same time
correct thing   stand back   After you   contempt   jump
ahead   queue   bus stop   shouted   see   queue
back   at least   the case

became aware   national characteristic   travelling
other countries   Germany   remember   first   arrive
bus stop   long time   wait   bus   arrived
five or six other people   sense of decorum   first to arrive
last   enter

【注】
stereotype：固定観念
contempt：軽蔑、侮辱、軽視
national characteristic：国民性
decorum：礼儀正しさ、礼儀作法

yield：譲る、譲歩する
become aware of：気付く
have no sense of：〜の感覚がまるでない

第12週
Standing in line (No.3)

German   matter   very much   plenty of room   Later
waiting   Tanzania   mad rush   get on board   again
left behind   This time   did matter   only bus   conductor
allow   sit   floor   between the seats   wait a whole day
next bus   long time   chance   reconsider   strategy
decided to walk   up the road   get on the bus   before
main bus station   Happily   solution worked   still
waiting

image   British   world champions   queuing   no longer
accurate   two reasons   One   less need   post-war years
Britain   well off   many other countries   shortages
food   clothing   queuing   natural   Now   no longer
true

【注】
get on board：乗り込む、搭乗する   be left behind：取り残される、置いていかれる
conductor：車掌   reconsider：再検討する   strategy：戦略、作戦
accurate：正確な   well off：裕福である   shortage：不足

第13週
Standing in line (No.4)

other reason   subtle   At heart   retain   basic instincts
don't like   queue-jumpers   However   absorbed
different   message   competitive   get ahead   ruthless
worry   less considerate   more likely   queue-jumpers
ourselves   any case   no claim   world champions
That honour   go   Japanese

British friends   Tokyo   know   Metro   heard stories
Metro officials   white gloves   push people   trains
rush hours   delighted   shocked   does happen
local Metro station   surprises   stand patiently   exactly
right place   platform   place   train after next   amazing
photograph   occur   Japanese commuters   more 'British'

【注】
subtle：微妙な、繊細な（発音に注意：bは発音しない）   retain：保有する、維持する
instinct：本能、直観   queue-jumper：割り込む人   absorb：吸収する
competitive：競争好きの、競争的な   ruthless：無慈悲な、冷酷な
commuter：通勤者、通学者

STEP 2
各週第2日目
書き取り用ワークシート

1. 何も見ずにCDを2回通して聞く。

2. ワークシートを開いて、その週のテキストに一通り目を通す。

3. CDを聞きながら、テキストの空所を埋める。
   ※なるべく長い部分をまとめて聞いて書き取るように。

4. 書き取りが終わったら、スクリプトを確認。
   ※書き取れなかった箇所は、スクリプトにマーカーで印をつける。

5. マーカーで印をつけた部分に特に注意しながらＣＤを繰り返し聞く。

★ワークシートは、直接書き込めるようにできていますが、何度も繰り返し練習できるように、あらかじめ何枚かコピーを取っておくとよいでしょう。

第1週
The hare and the hedgehog (No.1)

You probably know the fable about the hare and the tortoise, but _____ the hare and the hedgehog?
It is a folk tale, _____ the Brothers Grimm in Germany in the early 19th century, _____:

Early one Sunday morning Mr Hedgehog _____
_____. On the way he met Mr Hare, _____
_____
_____. They greeted each other politely.
Then Mr Hare asked: "What are you doing, _____
_____?"
Mr Hedgehog explained _____
_____
_____. Mr Hare was very scornful: "Going for a walk? _____?"

Mr Hedgehog was very offended. He _____
_____
_____. It was true that they were crooked, but _____
_____. So, full of indignation, he replied: "They may be crooked, _____
_____, _____ I can run faster than you!"

第2週
The hare and the hedgehog (No.2)

Mr Hare was both scornful and incredulous. Run faster than him? That was impossible! He _____ Mr Hedgehog _____. Mr Hedgehog _____ _____, and they _____ _____. Mr Hare was already looking forward to the brandy, and wanted to start straightaway, but Mr Hedgehog said that _____, so they agreed _____ _____.

When he got home, Mr Hedgehog _____ _____. She was very upset: "Oh my goodness! What have you done now! _____?" But Mr Hedgehog _____. Everything _____ _____. Meanwhile, he wanted to enjoy his breakfast. _____, they set out, and Mr Hedgehog gave his instructions. She had to _____ _____. When Mr Hare _____ _____ and say, "I got here first!"

第3週
The hare and the hedgehog (No.3)

Then Mr Hedgehog went to meet Mr Hare at the top end of the field, _____. Mr Hare was full of confidence. They got ready to run: "One, two, three! GO!!" And Mr Hare _____. Mr Hedgehog, _____, _____ _____.

Just as Mr Hare _____, Mrs Hedgehog _____, so — obeying her instructions — she _____ and shouted, "I got here first!"

Mr Hare was astounded: Mrs Hedgehog _____ _____, and Mr Hare _____ _____ . _____, he gasped: "Let's race back again!" _____ he again _____ a storm wind. _____ _____, Mr Hedgehog saw him coming, _____, and shouted, "I got here first!"

第4週
The hare and the hedgehog (No.4)

Mr Hare was really upset, but he refused to admit defeat, so he challenged Mr Hedgehog _____. Altogether Mr Hare _____ 73 times. _____, either Mr Hedgehog or his wife would jump up and shout "I got here first!" On the 74th time, Mr Hare was totally exhausted. He _____ _____ _____.

So _____.
He collected the brandy and gold coin, _____ _____, and lived contentedly ever after.

_____
_____
_____ — even if they're only a hedgehog.
Secondly, _____ _____. So if you happen to be a hedgehog, _____ _____.

第5週
Our family and other animals (No.1)

During my childhood, my family lived in a spacious 19th century house with a large garden, _____.
In addition to vegetable patches and flower beds, _____
_____
and a small field, _____ the 'paddock'. _____
_____
_____.
Some of the animals lasted longer than others, but _____
_____.

Sadly, _____.
However much we may love them, no living thing survives for ever. My first pet was a guinea pig, and I named him 'Sandy' because of his yellowish fur. Sandy's time _____
_____, and quite soon after his arrival, I _____
_____
_____. As far as I remember, I accepted this news philosophically enough, and _____
_____
_____. Sandy had been attacked and — who knows? — perhaps eaten by our neighbour's dog. At the time, _____.

第6週
Our family and other animals (No.2)

The second lesson was about persistence. We had a tortoise named William, and he liked lettuces. _____ _____ and, _____ _____. However, _____ _____.
Several times we picked William up and _____ _____, but _____ _____ _____the lettuce patch.

William had another interesting characteristic:_____ _____ — all winter _____ — and disappear _____ _____. Or years at a time. Once he disappeared _____, and we thought that _____ _____. However, then he reappeared, in the lettuce patch. We _____ _____, not William. _____ _____ _____ _____.

第7週
Our family and other animals (No.3)

Tortoises are uncommunicative, self-sufficient creatures, and it is hard to establish much of a personal relationship with them. _____ _____. Our next pet was a Jack Russell terrier named 'Tess'. _____.
I was still quite young when she arrived, and _____ _____
_____. Understandably, she thought _____ _____ and, to make the point absolutely clear, would bare her teeth and give a soft growl _____ _____. However, that was only at the beginning. _____ _____
_____, and Tess _____ _____.
_____, I went on long explorations of the surrounding countryside, sometimes walking as far as five or six miles from home. I _____ _____, and Tess was my faithful companion. Sometimes_____ _____. On one occasion, when returning home from a particularly long walk, I met a neighbour and _____ _____. She exclaimed, 'how lovely for the dog!' I looked at Tess _____: she was walking slowly, panting, and _____. _____ _____.

第8週
Our family and other animals (No.4)

Tess did like long walks, but her real passion in life was chasing stones. Other dogs chase balls, or perhaps sticks. Tess disdained _____: she _____. She also liked digging. On the beach she _____ _____. We would _____ _____. Then, if we got bored and wanted to sit down, she would dig furiously into the sand_____ _____. I have ____ _____ _____. These days _____ _____. Tess obviously derived immense enjoyment _____ _____ _____.

Tess stayed _____.
The next two animals on my list lasted for a rather shorter period. I mentioned that we had a paddock. _____ _____ _____. However, our next door neighbour — the one who owned the murderous dog — had a solution. _____ _____.

第9週
Our family and other animals (No.5)

From a distance, sheep seem like gentle, innocent creatures that munch grass and _____. This image is a deliberate deception _____. As we discovered, _____ _____.
_____, we have an English saying that describes _____: "the grass is _____ _____". Our sheep certainly thought so, and _____ _____.
Unlike our neighbour, we didn't have a sheep dog. _____ _____: my parents had to catch the sheep _____. It wasn't easy. he two sheep ran _____, so my father ran to intercept them. Then they both _____, and my parents chased after them, shouting loudly. The whole exercise _____ _____. The sheep _____, and my mother, _____.
She made _____: "poor sheep!"
My father was quite upset. He _____, and _____ _____.

第10週
Standing in line (No.1)

I've just been reading the memoirs of a famous British musician who spent part of the Second World War in Greece. In one incident he describes _____

_____ . _____

_____ .

_____ .

The Greeks were chaotic and certainly did not stand in lines: the British were disciplined and considerate. _____

_____ . _____ !

In Europe at least, _____

_____

_____ , queuing up for a theatre ticket, waiting to be served in a shop — _____ . There is _____

_____

_____ .

_____ , but people joined it all the same, and _____

_____ . _____

_____ .

第11週
Standing in line (No.2)

Of course, this is a stereotype, but there is some truth in it. As children, _____. For example when two people are _____

_____

and say 'After you!' At the same time, _____

_____. If you try to do that at a bus stop, _____

_____: "_____

_____? Get to the back of the line!" Or at least _____.

I _____

_____.

In Germany_____

_____. I had _____ and,

_____, there were five or six other people. Unlike me, they had no sense of decorum:_____

_____.

第12週
Standing in line (No.3)

In the German case it didn't matter very much: there was plenty of room in the bus. Later on, I remember waiting for a bus in Tanzania. Again _____ _____. _____:
_____
____. I had to wait a whole day for the next bus. _____
_____._____

____ . Happily the solution worked, or_____
_____ .
In fact, _____
_____. I think there are two reasons _____. _____
_____. In the post-war years, _____
_____, but still there were _____
_____, and _____
_____. Now, that is no longer true.

第13週
Standing in line (No.4)

The other reason is more subtle. At heart, we retain our basic instincts. We still don't like queue-jumpers. However, we have also absorbed a different, contradictory message. To be competitive, _____.

_____. We are _____

_____.

_____. _____

_____. When my British friends come to Tokyo, _____

_____. They have heard stories _____

_____. They are delighted — and slightly shocked — _____

_____.
But _____

_____. There is even a place for queuing _____

_____ — and sometimes _____

_____. They find these queues amazing,

_____.

_____

_____.

英文素材
スクリプトと訳

ステップ2で聞き取る箇所は網かけになっています。書き取りの答えを確認する際に、参考にしてください。

第 1 週
The hare and the hedgehog (No.1)

You probably know the fable about the hare and the tortoise, but have you heard the story about the hare and the hedgehog? It is a folk tale, one of many collected by the Brothers Grimm in Germany in the early 19th century, and it goes like this : —

Early one Sunday morning Mr Hedgehog decided to go for a walk in the fields. On the way he met Mr Hare, who was a very proud sort of person with a strong sense of his own importance. They greeted each other politely. Then Mr Hare asked: "What are you doing, out and about so early?" //

Mr Hedgehog explained that he was going for a walk to inspect a field of turnips that he had planted. Mr Hare was very scornful: "Going for a walk? On those crooked little legs?"

Mr Hedgehog was very offended. He could put up with a lot of things, but he really did not like having his legs insulted. It was true that they were crooked, but that is how nature had made them. So, full of indignation, he replied: "They may be crooked, but they serve me very well, and I bet I can run faster than you!"

ウサギとハリネズミ（1）

「ウサギとカメ」の話は皆さん恐らくご存知だと思いますが、「ウサギとハリネズミ」の話は聞いたことがありますか？　19世紀初頭にドイツのグリム兄弟が集めた数多くある昔話のひとつです。話は次のように始まります…

　日曜日の朝早く、ハリネズミ氏は野原へ散歩に出かけることにしました。途中で、ウサギ氏に出会いました。ウサギ氏は自分が重要な存在だという意識が強く、自尊心の強いタイプです。丁重な挨拶を交わすと、ウサギ氏はこう尋ねました。「こんなに朝早くお出かけとは、一体何をしているんだい？」

　ハリネズミ氏は自分が植えたカブラ畑の様子を見に、散歩に行くのだと答えました。すると、ウサギ氏は馬鹿にした様子でこう言いました。「散歩に行くだって？曲がった短いその足で？」

　ハリネズミ氏はとても憤慨しました。普段は辛抱強いハリネズミ氏ですが、自分の足を侮辱されることだけは耐えられません。足が曲がっているのは確かですが、生まれつきなので仕方ありません。憤然としてハリネズミ氏は答えました。「曲がっているかもしれないけれど、僕にとっては十分役に立つ足だ。きみより速く走れると思うよ！」

語句の解説

fable：（動物）寓話　　**hare**：ウサギ　　**tortoise**：カメ　　**hedgehog**：ハリネズミ
the Brothers Grimm：グリム兄弟　　**proud sort of person**：高慢な感じの人　　**greet**：挨拶をする
politely：礼儀正しく　　**inspect**：検査する、調べる、調査する　　**turnips**：カブラ
scornful：軽蔑した、横柄な　　**crooked**：曲がっている。発音に注意［krúkid］
be offended：腹が立つ、気を悪くする　　**put up with**：〜に耐える、〜を我慢する　　**insulted**：侮辱を受ける
having his legs insulted：have ─ 過去分詞の形で「─を〜される」の意。　　**indignation**：怒り、憤慨
may be crooked, but〜：may〜but〜「〜かもしれないが〜」の意。譲歩の表現の一種
I bet：きっと〜だ、〜に違いない

第2週
The hare and the hedgehog (No.2)

Mr Hare was both scornful and incredulous. Run faster than him? That was impossible! He decided to challenge Mr Hedgehog to a race. Mr Hedgehog wanted to know what the prize would be, and they agreed on a gold coin and a bottle of brandy. Mr Hare was already looking forward to the brandy, and wanted to start straightaway, but Mr Hedgehog said that he needed to have his breakfast, so they agreed to meet at the same place an hour later. //

When he got home, Mr Hedgehog told his wife what had happened. She was very upset: "Oh my goodness! What have you done now! What on earth are we going to do?"

But Mr Hedgehog told her not to worry. Everything would be fine as long as she did what she was told. Meanwhile, he wanted to enjoy his breakfast.

An hour later, they set out, and Mr Hedgehog gave his instructions. She had to wait behind a bush at the bottom end of a long field. When Mr Hare came along, she had to jump out in front of him and say, "I got here first!"

ウサギとハリネズミ（2）

　ウサギ氏は馬鹿にして、とても信じられないという様子です。僕より速く走れるだって？　どう考えたって無理！ウサギ氏はハリネズミ氏に競走を挑みました。ハリネズミ氏は賞品が何になるのか気になりました。話し合った結果、金貨とブランデー１瓶を賞品に決めました。ウサギ氏はもうブランデーを手に入れることが楽しみで、すぐにでも競走を始めたい気持ちです。でも、ハリネズミ氏が朝食を食べてからにしたいと言うので、同じ場所で一時間後にまた会う約束をしました。

　家に着くと、ハリネズミ氏は今起こった事を夫人に説明しました。ハリネズミ夫人はとても動転しました。

「あらまあ、どうしましょう！何をしたか分かっているの？一体全体どうしましょう。」

　でも、ハリネズミ氏は夫人に心配しないように言いました。指示の通りに動いてくれれば、万事うまくいくのだからと。ハリネズミ氏は、心配するよりも朝食を楽しみたかったのです。

　一時間後、出掛ける時間になり、ハリネズミ氏は夫人に指示を出しました。長い野原の一番下の草むらの陰に隠れていて、ウサギ氏がやって来た時に、前に飛び出て「わたしが先に着いた！」と言うように、との指示でした。

語句の解説

incredulous：懐疑的な、容易に信じない
Run faster than him?：直接話法だと "Run faster than me?" となるが、この場合は引用符を用いずに描出話法で表現されている。この物語中にはここ以外にも描出話法が随所に用いられている。
prize：賞品　　**agree on**：〜について合意する、〜について意見がまとまる
looking forward to：〜を楽しみに待つ。〜を心待ちにしている
had happened：過去完了形。過去のある時点以前に起こったことを表すときに用いる。ここでは、家に帰ってから、ウサギと出会った時のことを話しているので、2つの時の間には「ずれ」がある。
oh my goodness!：あらまあ！　感嘆を表す口語表現　　**what on earth**：一体全体
as long as〜：〜する限りは　　**set out**：出発する、始める　　**instruction**：説明、指示

第3週
The hare and the hedgehog (No.3)

Then Mr Hedgehog went to meet Mr Hare at the top end of the field, where the race was to start. Mr Hare was full of confidence. They got ready to run: "One, two, three! GO!!" And Mr Hare sped off like a storm wind. Mr Hedgehog, on the other hand, just ran forward two or three steps, and then sat down to relax.

Just as Mr Hare was approaching the bottom of the field, Mrs Hedgehog saw him coming, so — obeying her instructions — she stepped out from behind the bush and shouted, "I got here first!" //

Mr Hare was astounded: Mrs Hedgehog looked exactly like her husband, and Mr Hare thought that he had lost. Determined to have another chance, he gasped: "Let's race back again!" Without waiting for an answer he again sped off like a storm wind. When he got to the top of the field, Mr Hedgehog saw him coming, got up from his resting place, and shouted, "I got here first!"

ウサギとハリネズミ（3）

　それから、ハリネズミ氏は競走のスタート地点の野原の頂上に行き、ウサギ氏に会いました。ウサギ氏は自信満々です。2人とも走る準備が出来ました。「よーい、ドン！」。ウサギ氏は疾風のような勢いで走り出しました。それとは対照的に、ハリネズミ氏は2, 3歩走っただけで、座り込んで一休みです。

　ウサギ氏が野原の麓へ近づくにつれ、ハリネズミ夫人の視界に入って来ました。指示通りに草むらから出てきて、「わたしの方が先に着いた！」と大きな声で言いました。

　ウサギ氏はびっくり仰天しました。と言うのも、ハリネズミ夫人がハリネズミ氏と余りにもそっくりなので、自分は競走に負けたと思ったのです。絶対にもう一度競走をしたいと思って、息を切らしながら言いました。「もう一度頂上まで競走しよう！」と。そして、返事も聞かずに、ウサギ氏はまた疾風のごとく走り出しました。ウサギ氏が頂上に近づいてくると、今度はそれを見て、ハリネズミ氏が休憩場所から立ち上がり「わたしの方が先に着いた！」と叫びました。

語句の解説

confidence：自信　形容詞形 confident　　**sped**：**speed**（疾走する）の過去・過去分詞形
on the other hand：一方では、他方では　　**obey**：従う
stepped out from behind the bush：二重の前置詞
astounded：びっくり仰天して　surprised などよりも、ずっと驚きの度合いが強い。
look exactly like：〜と全く同じようだ、そっくり
had lost：過去完了形　上述の had happened の説明を参照のこと
determined：決意の固い、断固とした　Determined 〜：過去分詞を用いた分詞構文。「〜して」「心に硬く決めて」

第4週
The hare and the hedgehog (No.4)

Mr Hare was really upset, but he refused to admit defeat, so he challenged Mr Hedgehog to continue. Altogether Mr Hare ran up and down the field 73 times. Every time he got to the top or bottom of the field, either Mr Hedgehog or his wife would jump up and shout, "I got here first!" On the 74th time, Mr Hare was totally exhausted. He got as far as the middle of the field and then collapsed, blood streaming from his nose.//

So that is how Mr Hedgehog won the race. He collected the brandy and gold coin, went home happily with his wife, and lived contentedly ever after.

The moral of the story is first that, however proud and successful you may be, you shouldn't make fun of someone else — even if they're only a hedgehog. Secondly, if you are thinking of getting married, you should marry someone just like you. So if you happen to be a hedgehog, make sure that your wife is a hedgehog too.

ウサギとハリネズミ（4）

　ウサギ氏はひどくがっかりしましたが、どうしても負けを認めたくありません。その後も競走を続けようとハリネズミ氏に挑みました。ウサギ氏は合計73回も、野原の頂上と麓を行ったり来たりしましたが、毎回頂上や麓に近づくと必ずハリネズミ氏かハリネズミ夫人が飛び出してきて、「わたしの方が先に着いた！」と言うのでした。74回目になると、ウサギ氏は完全に疲れ果てていました。野原の真ん中辺りまで行くと、鼻から血を流して倒れてしまいました。

　このようにして、ハリネズミ氏は競走に勝ちました。賞品のブランデーと金貨を手に入れ、夫人と一緒に嬉しそうに帰途に着き、その後いつまでも幸せに暮らしました。

　この物語の一つ目の教訓は、仮にどんなに自分に自信があり、成功していたとしても、他人を馬鹿にしたり見下したりしてはいけないということです。仮に相手がちっぽけなハリネズミであっても。次の教訓は、もし結婚しようとするなら、自分に似た相手を探しなさいということです。もし、あなたがハリネズミならば、ハリネズミを奥さんに選んだ方が賢明ですよ。

語句の解説

upset：動揺して、気が動転して、うろたえて、腹を立てて　distressed, disturbed, worried, confusedなどと同意。口語では頻繁に使われる語。
refused to：〜することを拒む　　**Every time**：いつも、〜する度に（接続詞的な働き）
either：イギリス式発音 [aiðə] に注意
exhausted：疲弊している、疲れて果てた　tired（疲れた）よりも意味が強い。
totally exhausted：完全に疲れ果てた
ever after：その後ずっと　lived happily ever afterは物語のハッピーエンドで使われる決まり文句
collapse：崩壊する、倒れる　　**contentedly**：満足して、満足そうに　　**moral**：教訓
make fun of：〜を物笑いの種にする、からかう　　**make sure**：間違いなく〜するようにする、確かめる

第5週
Our family and other animals* (No.1)

During my childhood, my family lived in a spacious 19th century house with a large garden, much of which was quite wild. In addition to vegetable patches and flower beds, there was a woody part which we grandly named 'the forest' and a small field, known to us as the 'paddock'. One of the advantages of the garden was that we were able to keep a variety of different kinds of animals. Some of the animals lasted longer than others, but I learnt something from each of them. //

Sadly, one of the first lessons was about mortality. However much we may love them, no living thing survives for ever. My first pet was a guinea pig, and I named him 'Sandy' because of his yellowish fur. Sandy's time with us was particularly short, and quite soon after his arrival, I learnt that he had departed this life and gone to heaven. As far as I remember, I accepted this news philosophically enough, and it was not until several years later that I heard what had actually happened. Sandy had been attacked and — who knows? — perhaps eaten by our neighbour's dog. At the time, no one told me this for fear of upsetting me.

*The English writer Gerald Durrell wrote a famous book called *My Family and other Animals,* and that of course is what inspired the title of my story. Durrell spent part of his childhood on the Greek island of Corfu, and I used to think that his life was very exciting and exotic. Now, looking back at my own life in England, I realise that my own childhood also was rich, exciting and maybe — from a Japanese perspective — even quite exotic. [JB]

私の家族と動物たち*（1）

　私が子どもの頃、私たち家族は19世紀建築の広い家に住んでいました。その家には大きな庭があり、庭の大部分は手入れが行き届かず、荒れるままになっていました。野菜畑や花壇に加えて、樹木の生い茂った場所があり、私たちはそこを少し大袈裟ですが「森」と呼んでいました。また、小さな野原もあって、それを私たちは「放牧場」と呼んでいました。この庭の良い点のひとつは多くの種類の動物を飼育することができた点です。長生きする動物もいれば、そうでない動物もいましたが、私は全ての動物から何かを学び取りました。

　悲しいことに、最初に学んだことの一つは生命が限りあることについてでした。どんなに愛していても、永遠に生きる生物は存在しません。私が飼った最初のペットはモルモットで、黄色っぽい毛色だったので「サンディー」と名づけました。サンディーが私たちと過ごした時間はほんの僅かで、我が家へやって来てから間もなく、私はサンディーが生涯を終えて天国へ旅立ったことを聞かされました。私の記憶する限りでは、サンディーの死を、子どもなりに、仕方のないものと受け止めました。その後、本当の事実を知ったのは、数年経ってからのことでした。サンディーは隣人の犬に襲われ、恐らく食べられてしまっていたのです。事が起こったときには、誰も私にこの事を教えてはくれませんでした。私を悲しませないように配慮したのです。

語句の解説

other：ダレルの原題でも、otherという語が入っているのは、家族（人間）も動物の一種と考えているため、「それ以外の」生き物たち、とした冗談混じりのタイトルであることに注目。
spacious：広大な　　**grandly**：雄大に、威厳をもって　　**paddock**：パドック、小放牧場
advantage：利点、メリット　　**mortality**：命に限りがあること、死
guinea pig：モルモット。イギリスでは、ハムスターのように、ペットとしてよく飼育される。
particularly：特に、特別に
philosophically：哲学的に（望ましくない出来事などに対し、嘆き悲しんでも仕方がないと思い、半ば諦め、悟って、物事を受容するときによく用いる）She had her house burgled but she was philosophical about it.
for fear of：〜することを恐れて、〜をしないように

＊イギリス人作家のジェラルド・ダレルは「My Family and other Animals（私の家族と動物）」と言う著名な本を執筆しました。言うまでもなく、私（JB）の物語の題名に影響を与えたのがこのダレルの本です。幼少期の一時期にギリシャのコフ島で過ごしたダレルの生活は、刺激が多く異国情緒溢れるものだと思っていました。今になって私自身のイギリスでの生活を顧みると、私の幼少期もまた充実していて刺激も多いものでした。また、特に日本人の観点から見れば、異国情緒溢れるものかもしれません。

第6週
Our family and other animals * (No.2)

The second lesson was about persistence. We had a tortoise named William, and he liked lettuces. As I say, the garden was a large one and, as everyone knows, tortoises move slowly. However, it seems that they can move quite quickly where lettuces are concerned. Several times we picked William up and placed him at the opposite end of the garden, but by the next day or so, he had always found his way back to the lettuce patch. //

William had another interesting characteristic: he could sleep a lot — all winter in fact — and disappear for months at a time. Or years at a time. Once he disappeared for two whole years, and we thought that someone must have stolen him. However, then he reappeared, in the lettuce patch. We vaguely wondered whether we had found another tortoise, not William. That didn't seem very likely but, to make sure, we painted a blue patch on his shell, so that we could be sure of identifying him the next time he reappeared.

私の家族と動物たち（2）

　次に学んだことは我慢強く継続することの重要性です。ウィリアムという名のカメを飼っていましたが、このカメはレタスが好物でした。既に言ったように庭は広大で、ご存知の通りカメは動きがとてもゆっくりです。でも、レタスとなると、カメも随分素早く動くことができるようでした。何度かウィリアムをつまみあげ、庭の反対側の端に置いてみましたが、だいたい翌日にはレタス畑へ戻っていたのでした。

　ウィリアムにはもう一つ面白い特徴がありました。長時間（実は、冬の間ずっと、というような長い期間）眠っていられるのです。一度に何ヶ月もの間、姿を見ませんでした。長いときでは一度に何年も姿を消したこともありました。ある時、ウィリアムは丸2年姿を消したので、私たちは誰かに盗まれたのだろうと考えました。でも、レタス畑にまた姿を現したのです。ウィリアムではなく別のカメを見つけたのではないかと少しばかり思いました。実際にはウィリアムだろうと思いつつも、次回また姿を消してから現れた時に確かめることが出来るように甲羅の上に青の印をつけました。

語句の解説

persistence：継続、しつこさ、粘り強さ
be concerned：関与している　as far as ～ is concernedのような形で、「～に関して言えば」。ここでは、その応用で、as far asの代わりにwhereとなっている。
opposite：反対の、逆の　　**characteristic**：特徴、性格　　**at a time**：一度に、同時に、一回に
vaguely：漠然と、あいまいに　　**to make sure**：念の為　　**so that ― can**：～できるように
shell：カメの甲羅　　**identify**：確認する、識別する　　**be sure of -ing**：確かに～できるように
the next time：次に～するときに（接続詞の働き）

第7週
Our family and other animals (No.3)

Tortoises are uncommunicative, self-sufficient creatures, and it is hard to establish much of a personal relationship with them. Dogs are entirely different. Our next pet was a Jack Russell terrier named 'Tess'. She and I didn't get on so well at first. I was still quite young when she arrived, and treated her in much the same way as I treated my inanimate teddy bear. Understandably, she thought that she deserved greater respect and, to make the point absolutely clear, would bare her teeth and give a soft growl if she thought that I was misbehaving. However, that was only at the beginning. In the course of time we established a much better understanding, and Tess became an important part of my childhood. //

As I began to grow up, I went on long explorations of the surrounding countryside, sometimes walking as far as five or six miles from home. I imagined myself as an intrepid explorer of unknown lands, and Tess was my faithful companion. Sometimes I wondered whether I had gone a bit too far. On one occasion, when returning home from a particularly long walk, I met a neighbour and told her where I had been. She exclaimed, 'how lovely for the dog!' I looked at Tess for confirmation: she was walking slowly, panting, and seemed rather tired. I wasn't entirely certain whether she agreed.

私の家族と動物たち (3)

　カメは無口で、自立した生き物なので、親しい関係を築くことが困難です。イヌは全くその正反対です。私たちの次のペットは「テス」という名のジャック・ラッセル・テリアでした。テスと私は、最初は仲がよくありませんでした。テスが我が家にやって来た時に私はまだとても小さな子供で、テディベアのぬいぐるみを扱うのとさほど変わらない調子でテスに接していました。当然ながらテスはもっと敬意を持って接して欲しい訳で、私の扱いに不満な時にはその意思を示すために、歯をむき出してやんわりとしたうなり声を出したものです。でも、それもほんの最初だけで、時間が経つにつれてお互いをより深く理解することができ、テスは私の幼少期においてとても重要な存在となりました。

　私は成長するにつれ、家の周辺を探検し始めました。時には家から5－6マイルも歩いたこともありました。自分が未開の地を行く勇敢な探検家で、テスが忠実な旅の相棒であるように思っていました。時にはちょっと行き過ぎてしまったと思うこともありました。ある時、とりわけ長い距離の探検からの帰り道に、隣人に出会い、どこまで行ってきたかを告げました。すると隣人は「イヌは喜んだでしょうね！」とびっくりした様子で言いました。本当にそうだったのか確認しようとテスを見ると、のろのろとした足取りで息を弾ませており、かなり疲れているようでした。隣人の言ったことにテスが同意したか定かではありません。

語句の解説

uncommunicative：打ち解けない、無口な　un-「～でない」反意語を作る接頭辞。例：unfriendly（そっけない）
self-sufficient：自足できる、自分のことは自分でできる　　**establish**：確立する　　**entirely**：完全に、全体に
get on (so) well：うまくやっていく、仲良くやっていく、肌が合う
inanimate：活気の無い、生命のない　in-「～のない」反意語を作る接頭辞。例：independent（独立した）
deserve：～にふさわしい、～を受けるに値する　　**make the point clear**：大事なことを明確にする
absolutely：絶対に　　**would**：～したものでした（過去の習慣を表すwouldの用法）
in the course of time：そのうちに、やがて　　**growl**：うなり声　　**misbehave**：無作法に振舞う
exploration：探検、探索、調査　動詞形はexplore
mile：マイル。1マイル＝約1.6km　（5～6マイルは10km程度の距離）　　**intrepid**：勇敢な、恐れを知らない
faithful：忠実な、信頼できる　　**a bit too~**：少し～すぎる（口語表現）
not entirely~：完全に～というわけではない（部分否定）

第 8 週
Our family and other animals (No.4)

Tess did like long walks, but her real passion in life was chasing stones. Other dogs chase balls, or perhaps sticks. Tess disdained both of these: she only cared for stones. She also liked digging. On the beach she managed to combine both interests. We would throw stones for her to pick up and retrieve. Then, if we got bored and wanted to sit down, she would dig furiously into the sand so that the stone was soon buried at the bottom of a large hole. // I have no idea why she did this but, thinking about it now, I admire her all the more. These days I tend to be over-busy, and find it hard to relax. Tess obviously derived immense enjoyment from an energetic activity that had no particular purpose: it was just fun.

Tess stayed with us for her whole life of 14 years. The next two animals on my list lasted for a rather shorter period. I mentioned that we had a paddock. We also had a stable, but no horse, so there was no animal to eat the grass, and it grew long and untidy. However, our next door neighbour — the one who owned the murderous dog — had a solution. He was a farmer, and would lend us two sheep.

私の家族と動物たち（4）

　テスは長距離の散歩も確かに好きでしたが、生きがいともいうべき情熱は石を追うことでした。他のイヌはたいていボールや木の枝を追いますが、テスはこのどちらも気に留めず、石だけが興味の的でした。テスは地面を掘ることも好きでした。海岸に出かけると、テスはこの両方を一緒に楽しむことが出来ました。テスが拾って持って帰って来るように、よく石を投げて遊んだものです。私たちがこの遊びに飽きて、海岸に座ってしまうと、テスは一心不乱に砂を掘り、遊んでいた石は大きな穴の底に埋められてしまうのです。何故テスがこのようなことをしたのか全く理解できませんが、今考えると、だからこそ余計に、テスに対して尊敬の念を覚えます。ここ最近の私は忙しすぎて、リラックスすることがなかなかできません。テスは特にこれという目的もないエネルギー溢れる遊びからとてつもない楽しみを得ていたのです。ただ、楽しむことだけを目的として。

　テスは14年間の生涯を私たち家族と共に過ごしました。次にお話する動物は、どちらかと言うと短い生涯でした。既述のように家の庭には小放牧場がありました。馬小屋はありましたが、ウマは飼っていませんでした。草を食べる動物がいなかったので草は伸び放題で手入れが行き届いていない状態でした。私たちの隣人（モルモットを襲ったイヌの飼い主）がそれを解決してくれました。農場主だった隣人は2匹の羊を貸してくれたのです。

語句の解説

disdain：軽蔑（する）、侮蔑（する）　　**care for~**：～を大事に思う、～を好む　　**retrieve**：取り戻す、回復する
furiously：猛烈に、極端に　　**have no idea**：全く分からない、～のつもりはない
all the more：～だからいっそう、なおさら　　**tend to**：～する傾向がある、～しがちである、
obviously：明らかに、はっきりと　　**derive**：由来する、導き出す　　**immense**：非常に大きな、莫大な
stable：馬小屋　　同じ綴りで形容詞「安定した」の意味もあるが、この文中では、それでは意味が通じないので、名詞の方の意味を取る。
next door neighbour：隣の家の人。neighbourだけだと近所の人全般を指す。アメリカ綴りはneighbor。

第9週
Our family and other animals (No.5)

From a distance, sheep seem like gentle, innocent creatures that munch grass and do what they are told. This image is a deliberate deception on their part. As we discovered, they have a fair amount of initiative, and they like exploring. Coming to think of it, we have an English saying that describes their general approach to life: "the grass is always greener on the other side of the fence". Our sheep certainly thought so, and it wasn't long before they escaped. //

Unlike our neighbour, we didn't have a sheep dog. I was away at the time, so I couldn't help either : my parents had to catch the sheep on their own. It wasn't easy. The two sheep ran one way, so my father ran to intercept them. Then they both decided to run in different directions, and my parents chased after them, shouting loudly. The whole exercise involved a lot of chasing, and a lot of puffing. The sheep began to look quite distressed, and my mother, who was a compassionate soul, felt sorry for them. She made the mistake of voicing her concern: "poor sheep!" My father was quite upset. He too was distressed, and he thought that my mother ought to feel sorry for him.

私の家族と動物たち（5）

　遠目で見ると、羊はとても穏やかで草をモグモグと食べるだけで、言われたことに従う純真無垢な動物に見えます。しかし、このイメージは、私たちが羊にうまくだまされているのであって、羊のことを知るにつれ、羊にもそれなりの意思があり、探検好きであることが分かります。「隣の芝は青く見える」と言う英語の諺がありますが、これは羊の生き方をよく言い表しています。私たちの羊はまさにそう思ったようで、ほどなくして、逃げ出してしまったのです。

　隣人とは違って、我が家では牧羊犬を飼っていませんでした。私はその時不在で手伝うことが出来なかったので、両親は自力で羊を捕まえなければなりませんでした。とても大変だったそうです。まず、2匹の羊は同じ方向に向かって逃げたので、父はそれを防ごうとしました。その後2匹は違う方向に走り出し、両親は大声で叫びながら羊を追いました。とにかくずっと追いかけなければならず、息も随分切らしたようです。羊が困り果てた様子を見せ始めると、心優しい私の母は羊たちがかわいそうに思えてきました。母は「かわいそうな羊！」という彼女の思いを口に出すという間違いを犯しました。この言葉に父はひどく憤慨しました。父だって、疲れ果てており、羊よりもむしろ自分に同情するべきだと思ったのでした。

語句の解説

from a distance：遠くから　　**munch**：ムシャムシャ食べる　　**deliberate**：意図的な
deception：だますこと、欺くこと　動詞形 deceive　形容詞形 deceptive
on their part (on one's part)：〜としては、〜にとってみれば、〜の側で(は)
have a fair amount of initiative：かなり自発性がある　　**initiative**：主導、自発性
coming to think of it：そういえば　　**saying**：諺
"the grass is always greener on the other side of the fence"：「隣の庭の芝は青い」（他人のものなどが自分のものより、よく見えるという意味のことわざ）
it wasn't long before~：〜するのにそんなに時間はかからなかった、まもなく〜した
sheep dog：牧羊犬、羊の番犬。羊飼いが羊を追うのに使う
away：不在で　同じ不在でも、awayは外泊を伴う不在。その日のうちに戻る一時的な外出はoutを用いる。
intercept：妨害、阻止すること　　**puffing**：あえぎ、ハーハーすること
distressed：悩んで、悲しんで、行き詰った　　**compassionate**：心の優しい、同情的な　名詞形 compassion
soul：魂、〜な精神の持ち主　　**voice**：声に出す、表現する

第10週
Standing in line (No.1)

I've just been reading the memoirs of a famous British musician who spent part of the Second World War in Greece. In one incident he describes what happened when he returned to Britain after his adventures. One of the first things he saw was a line of people standing patiently in a queue. He felt a deep sense of emotion. The Greeks were chaotic and certainly did not stand in lines: the British were disciplined and considerate. They knew how to behave properly. He was home at last! //

In Europe at least, the British are famous for their willingness to stand patiently in line while waiting for buses, queuing up for a theatre ticket, waiting to be served in a shop — or more or less anything. There is even a story of some practical jokers who started a queue for a non-existent attraction at a fun fair. There wasn't anything to see or do at the end of the queue, but people joined it all the same, and soon there was a long line of people. Queuing seemed the natural thing to do.

列を作ることについて (1)

　第二次世界大戦中の一時期をギリシャで過ごした著名なイギリス人の音楽家の回顧録を読んでいました。その中の一節で、戦地での経験の後、イギリスに戻った際に起きた出来事の描写があります。帰国して目についたものの一つに、列を成して辛抱強く立っている人々の列がありました。彼は心の奥からこみ上げるものを感じたそうです。ギリシャ人には秩序がなく、列に並んだりしません。イギリス人は規律を守り、思いやりがあります。イギリス人は礼儀正しく振舞う方法を知っています。やっと自分の国に帰ってきたのです！

　少なくともヨーロッパにおいては、イギリス人はバス停や劇場のチケット売場、お店での順番待ちなど、ありとあらゆることで辛抱強く一列に並んで待つことで有名です。遊園地で実際には存在しないアトラクションに列を作り始めた悪ふざけ好きな人の話があるほどです。列の先頭には見るものも特にすることも何もなかったのですが、他の人が次々と列に並び、すぐに長い行列ができたそうです。並ぶことが、その場での一番自然な行動だと考えられたのでしょう。

語句の解説

memoirs：回顧録、自叙伝　フランス語を語源とする　発音に注意 [mémwa:]　　**incident**：出来事、ハプニング
patiently：辛抱強く、我慢強く　名詞形: patience
chaotic：雑然とした、無秩序状態の　名詞形:chaos [kéiɔs]（発音注意）
disciplined：厳しくしつけられた、規律のある　名詞形:discipline（しつけ）
considerate：思いやりのある、親切な
willingness to~：～する意欲、快く～すること　be willing toがもとになっている。
queue：列に並ぶ、列　イギリス英語。発音注意 [kju:] アメリカでは主にlineを用いる。
more or less：おおよそ、多かれ少なかれ
practical jokers：悪さをする人、悪ふざけする人　practical joke　悪ふざけ（口で言う冗談ではなくて、実際に何か悪戯をすること）
fun fair：遊園地(英)　通常、移動式のものが多い。
end of the queue：列が少しずつ前に進んでいった「最後」、という意味で、列の「先頭」に当たる。

第11週
Standing in line (No.2)

Of course, this is a stereotype, but there is some truth in it. As children, we are taught that it is polite to yield. For example when two people are trying to go through a door at the same time, the correct thing to do is to stand back and say 'After you!' At the same time, we have a deep contempt for someone who tries to jump in ahead of a queue. If you try to do that at a bus stop, you are quite likely to be shouted at: "Can't you see that there is a queue here? Get to the back of the line!" Or at least that used to be the case. //

I first became aware of this national characteristic when I started travelling to other countries. In Germany I remember being the first to arrive at a bus stop. I had quite a long time to wait and, by the time that the bus arrived, there were five or six other people. Unlike me, they had no sense of decorum: I was the first to arrive, and the last to enter the bus.

列を作ることについて (2)

　もちろんこれは固定観念ですが、確かに本当の部分もあります。イギリス人は子供の頃から譲り合うことは礼儀正しいこととして教育されます。例えば、同じタイミングで2人の人間がドアを通り過ぎようとした場合、一歩下がって「お先にどうぞ！」と言うことが、取るべき正しい行動なのです。同様に、列に割り込もうとする人はひどく軽蔑されます。もし、バス停で割り込もうとしたら、「ここに列があるのが見えないのですか？　列の最後尾に並んでください！」と恐らく言われるでしょう。少なくともかつてはそうでした。

　私が、このイギリス人の国民的特徴に初めて気付くようになったのは、海外に出かけるようになってからです。ドイツで、バス停に誰よりも先に着いて、待ち始めた時のことを思い出します。バスが来るまでかなり長い時間待ったのですが、バスが到着した時には他にも5-6人待っている人がいました。私とは違って、彼らには礼儀正しさが皆無でした。私は最初にバス停に着いたのに、バスに乗り込んだのは最後でした。

語句の解説

Of course, ―, but：もちろん―ではあるが、～である。　　**stereotype**：固定観念　　**yield**：譲る、譲歩する
After you!：お先にどうぞ！　　**contempt**：軽蔑、侮辱、軽視　　**become aware of**：気付く
national characteristic：国民性
the first to arrive：一番最初に到着した人　　the last to：最後に～する（した）人
have no sense of：～の感覚がまるでない　　**decorum**：礼儀正しさ、礼儀作法

第12週
Standing in line (No.3)

In the German case it didn't matter very much: there was plenty of room in the bus. Later on, I remember waiting for a bus in Tanzania. Again there was a mad rush to get on board, and again I was left behind. This time it did matter: it was the only bus that day, and the conductor would not allow me to sit on the floor between the seats. I had to wait a whole day for the next bus. Since I had a long time to wait, I had a chance to reconsider my strategy. I decided to walk a mile up the road, and get on the bus before it arrived at the main bus station. Happily the solution worked, or I might still be waiting. //

In fact, the image of the British as world champions in the art of queuing is no longer accurate. I think there are two reasons for this. One is that there is less need to stand in line anyway. In the post-war years, Britain was quite well off compared with many other countries, but still there were shortages of certain kinds of food or clothing, and queuing was a natural part of life. Now, that is no longer true.

列を作ることについて（3）

　このドイツでの出来事は結果的に大した問題にはなりませんでした。というのも、バスは空いていたからです。その後、タンザニアでバスを待っていた時の事です。ここでもバスに乗り込むのに我先にと押し合いへし合いで、またもや、私は取り残されてしまいました。この時はさすがに困りました。一日に一本しかないバスだったのに、車掌は座席の間の床に座らせてくれませんでした。次のバスが来るまで、丸一日そこで待たなければなりませんでした。待つ時間がかなりあったので、その間に作戦を練り直しました。私は1マイルほど先まで歩いて、バスが町の中心のバス停に到着する前にバスに乗り込むことにしました。幸い、この作戦は上手く行きました。そうでなければ、今でもそのバス停で待っていたかもしれません。

　実際には、イギリス人が並ぶことにかけて世界一というイメージは、今となっては正確であるとは言えません。理由は2つあると考えています。一つ目は、列に並ぶこと自体の必要性が少なくなってきているということです。戦争直後の時代には、他の多くの国に比べて豊かだったとは言え、イギリスでもある種の食料や衣類が不足していて、並ぶことは生活の一部となっていました。今の時代には、もはやこのような必要はありません

語句の解説

not matter：どうでもいい、問題にならない　日本語でも「問題ない」という表現が、否定形で用いられることが多いのと同様、否定や疑問の形で用いられることが多い。もちろん、Does it matter?と尋ねられ、Yes, it does.「構わないですか？」「いや、困ります」のような応答もあり得る。本文でも、すぐ後に、it did matterの表現が出てくるので参照。
room：（不可算名詞）余地　　**get on board**：乗り込む、搭乗する
be left behind：取り残される、置いていかれる
it did matter：この場合の「did」は強調の意味。「今回は、確かに困った」のような意。
walk a mile up the road：この場合の「up」は川の上流のように、バスが来る方向に遡って歩いていくイメージ。
conductor：車掌　　**reconsider**：再検討する、見直す　re-「再び」の意味を表す接頭辞。
strategy：戦略、作戦　　**the art of -ing**：〜する技、芸、技術　　**accurate**：正確な
well off：裕福である、（経済的に）恵まれている　同意語：rich, wealthy
compared with：〜と比べて、比較して　　**shortage**：不足

第13週
Standing in line (No.4)

The other reason is more subtle. At heart, we retain our basic instincts. We still don't like queue-jumpers. However, we have also absorbed a different, contradictory message. To be competitive, you have to get ahead, and you may have to be ruthless. I worry that we are less considerate than we used to be. We are more likely to be queue-jumpers ourselves.

In any case, we certainly can have no claim to be world champions in queuing. That honour must surely go to the Japanese. // When my British friends come to Tokyo, they all want to know about the Metro. They have heard stories about Metro officials with white gloves who push people into trains during the rush hours. They are delighted — and slightly shocked — to find that this really does happen at our local Metro station. But what really surprises them is the way that people stand patiently in line at exactly the right place on the platform. There is even a place for queuing for the train after next — and sometimes even the one after that. They find these queues amazing, well worth a photograph.

It probably doesn't occur to these Japanese commuters, but perhaps they are now more 'British' than we are.

列を作ることについて (4)

　もう一つの理由はもう少し微妙なものです。心の底では、私たちは今でも基本的な本能を持っています。今でも列に割り込む人を好ましく思いませんが、それとは別の相反する意見も受け入れています。競争に勝つためには人より前に出なければならず、そのためには無情な行動を取らなければならないこともあるからです。今日の私たちは昔と比較して思いやりの気持ちが減ってきているのではないかと懸念しています。私たち自身が列に割り込みをしてしまう可能性も大きくなってきているように思われます。

　いずれにしても、並ぶことに関してイギリス人が世界一であると自負することはできません。その栄誉は日本人に与えられるべきだと思います。イギリス人の友人が東京に遊びに来ると、みんな地下鉄について知りたがります。ラッシュアワーに白い手袋をはめた地下鉄職員が電車の中に乗客を押し込む話を聞いたことがあるからです。この現象が我が家の最寄駅でまさに本当に起こっているのを見て、一様に喜びますが、同時に少々衝撃も受けるようです。さらにもっと驚くのは、電車のドアの位置に合わせて、プラットフォームの指定の場所に人々が辛抱強く並んで待っている様子です。さらに次の電車待ち用の場所（場合によっては、そのさらに先の電車待ち用の場所さえも）が指定されていることもあります。イギリスの友人たちは、こういった列を見事だと思い、写真に撮っておく価値があると思うようです。

　日本人の通勤者たちは気がついていないかもしれませんが、日本人はもしかしたら私たちイギリス人よりももっと「イギリス人」らしいのかもしれません。

語句の解説

subtle：微妙な、わずかな、繊細な　発音に注意（bは発音しない）　　**retain**：保有する、維持する
instinct：本能、直観　　**queue-jumper**：列に割り込む人　jump a queueで「列に割り込む」
absorb：吸収する、緩和する、理解する　　**contradictory**：矛盾した、相反した
competitive：競争好きの、競争的な　　**ruthless**：無慈悲な、冷酷な
commuter：通勤者、通学者　動詞はcommute
in any case：ともかく　　**this really does happen**：［強調］まさに本当に、確かに本当に
after next：その次、次の次

STEP 3
各週第3日目
フレーズ読み用スクリプト

1. ポーズ入りCDを使って、フレーズごとに意味を言う。
2. CDを聞きながら、フレーズごとに後について英語を言う。
3. CDについてフレーズ読みしているところを録音する。うまく出来なかった箇所を繰返し練習する。

※フレーズ読みスクリプトの応用的利用法：

英語の部分を隠して、日本語の部分を見ながら、英語を言ってみましょう。上の1～3までがきちんとできていれば、それほど難しくないはずですので、毎週でなくてもいいですから、力試ししてみたいとき、時間の余裕のあるとき、また、ステップ6まで終わったあとの復習として、是非挑戦してみてください。

第1週
The hare and the hedgehog（No.1）

You probably know the fable about the hare and the tortoise,	恐らく知っているだろう / 寓話を / 「ウサギとカメ」の
but have you heard the story about the hare and the hedgehog?	でも、聞いたことがあるか？/ 「ウサギとハリネズミ」の話を
It is a folk tale,	それは昔話である（どんな？）
one of many collected by the Brothers Grimm	たくさんのうちのひとつ / 集められた / グリム兄弟によって
in Germany in the early 19th century,	ドイツの / 19世紀初頭に
and it goes like this:—	話はこんな風に始まる…
Early one Sunday morning	日曜日の朝早く（何が起きたのだろう？）
Mr Hedgehog decided to go for a walk in the fields.	ハリネズミ氏は決めた / 散歩に出かけることに / 野原へ
On the way he met Mr Hare,	途中で、ウサギ氏に出会った
who was a very proud sort of person	ウサギ氏は自尊心の強いタイプだ。
with a strong sense of his own importance.	そして、自分が重要な存在だという意識が強い。
They greeted each other politely.	丁重な挨拶を交わした
Then Mr Hare asked:	ウサギ氏は尋ねた。
"What are you doing,	一体何をしているんだい？
out and about so early?"	こんなに朝早く
Mr Hedgehog explained	ハリネズミ氏は答えた（何と？）。
that he was going for a walk	散歩に行くのだと
to inspect a field of turnips that he had planted.	カブラ畑の様子を見に / 自分が（以前に）植えた
Mr Hare was very scornful:	ウサギ氏は馬鹿にした様子だった
"Going for a walk?	散歩に行くだって？
On those crooked little legs?"	曲がった短いその足で？

Mr Hedgehog was very offended.	ハリネズミ氏はとても憤慨した。
He could put up with a lot of things,	ハリネズミ氏は普段は辛抱強い、
but he really did not like having his legs insulted.	でも、本当に嫌だった／自分の足を侮辱されることは
It was true that they were crooked,	足が曲がっているのは確かだ（が、…？）
but that is how nature had made them.	生まれつきのことだ
So, full of indignation, he replied:	憤然としてハリネズミ氏は答えた
"They may be crooked,	曲がっているかもしれない（けれど？）
but they serve me very well,	僕にとっては十分役に立つ。
and I bet I can run faster than you!"	きみより速く走れると思うよ！

第2週
The hare and the hedgehog (No.2)

Mr Hare was both scornful and incredulous.	ウサギ氏は / 馬鹿にして / とても信じられなかった。
Run faster than him?	僕より速く走れるだって？
That was impossible!	そんなこと無理！
He decided to challenge Mr Hedgehog to a race.	ウサギ氏は挑むことにした / ハリネズミ氏に / 競走を。
Mr Hedgehog wanted to know what the prize would be,	ハリネズミ氏は知りたがった / 賞品が何になるのかを
and they agreed on a gold coin and a bottle of brandy.	そして二人は決めた / 金貨とブランデー1瓶（を賞品とすること）に。
Mr Hare was already looking forward to the brandy,	ウサギ氏はもう楽しみだった / ブランデーをもらうことが。
and wanted to start straightaway,	（競走を）始めたかった / すぐにでも
but Mr Hedgehog said that he needed to have his breakfast,	でも、ハリネズミ氏は言った / 朝食を食べる必要があると。
so they agreed to meet at the same place an hour later.	そこで、合意した / 会うことに / 同じ場所で / 一時間後に。
When he got home,	家に着くと、
Mr Hedgehog told his wife what had happened.	ハリネズミ氏は夫人に言った / 先ほど起こった事を
She was very upset:	ハリネズミ夫人は動揺した。
"Oh my goodness!	「あらまあ、どうしましょう！
What have you done now!	何をしたか分かっているの？
What on earth are we going to do?"	一体全体どうしましょう」
But Mr Hedgehog told her not to worry.	でも、ハリネズミ氏は夫人に言った / 心配しないようにと。
Everything would be fine	万事うまくいくのだと。

as long as she did what she was told.	夫人がする限り / 言われた通りに
Meanwhile, he wanted to enjoy his breakfast.	その間、ハリネズミ氏は / 楽しみたかった / 朝食を。
An hour later, they set out,	一時間後 / 出かけた。
and Mr Hedgehog gave his instructions.	ハリネズミ氏は（夫人に）指示を出した。
She had to wait behind a bush	待たなければならない / 草むらの陰で
at the bottom end of a long field.	一番下で / 長い野原の。
When Mr Hare came along,	ウサギ氏がやって来た時に、
she had to jump out in front of him and say,	前に飛び出すように / そして言うこと（何と？）
"I got here first!"	「わたしの方が先に着いたよ！」と。

第3週
The hare and the hedgehog (No.3)

Then Mr Hedgehog went to meet Mr Hare at the top end of the field,	それから、ハリネズミ氏はウサギ氏に会いに行った／野原の頂上に
where the race was to start.	そこが競走のスタート地点だった
Mr Hare was full of confidence.	ウサギ氏は自信満々だ。
They got ready to run:	2人とも走る準備ができた。
"One, two, three! GO!!"	「よーい、ドン！」。
And Mr Hare sped off like a storm wind.	ウサギ氏は走り出した／疾風のような勢いで
Mr Hedgehog, on the other hand,/ just ran forward two or three steps,	ハリネズミ氏は／それとは反対に／2, 3歩走っただけだった
and then sat down to relax.	それから、座り込んで一休みした。
Just as Mr Hare was approaching the bottom of the field,	ウサギ氏が野原の麓へ近づくと
Mrs Hedgehog saw him coming,	ハリネズミ夫人の視界に入って来た。
so — obeying her instructions —	それで、指示通りに
she stepped out from behind the bush	草むらから飛び出した
and shouted, "I got here first!"	そして叫んだ／「わたしの方が先に着いたよ！」と。
Mr Hare was astounded:	ウサギ氏はびっくりした。
Mrs Hedgehog looked exactly like her husband,	ハリネズミ夫人はハリネズミ氏とそっくりだった
and Mr Hare thought that he had lost.	ウサギ氏は思った／競走に負けたと
Determined to have another chance, he gasped:	絶対にもう一度競走をしたいと思って、息を切らしながら言った。
"Let's race back again!"	「もう一度頂上まで競走しよう！」
Without waiting for an answer he again sped off like a storm wind.	返事も聞かずに、ウサギ氏はまた走り出した／疾風のごとく

When he got to the top of the field,	ウサギ氏が頂上に近づいてくると、
Mr Hedgehog saw him coming,	ハリネズミ氏はそれを見て、
got up from his resting place,	休憩場所から立ち上がり
and shouted, "I got here first!"	叫んだ/「わたしの方が先に着いたよ!」と。

第4週
The hare and the hedgehog (No.4)

Mr Hare was really upset,	ウサギ氏はひどくがっかりした
but he refused to admit defeat,	どうしても負けを認めたくなかった。
so he challenged Mr Hedgehog to continue.	それでハリネズミ氏に挑んだ / 競走を続けようと
Altogether Mr Hare ran up and down the field 73 times.	合計で / ウサギ氏は、野原の頂上と麓を行ったり来たりした / 73回も
Every time he got to the top or bottom of the field,	いつも、頂上や麓に近づく度に
either Mr Hedgehog or his wife would jump up	必ずハリネズミ氏か夫人が飛び出してきて
and shout, "I got here first!"	叫ぶのだった / 「わたしの方が先に着いたよ！」と。
On the 74th time, Mr Hare was totally exhausted.	74回目になると / ウサギ氏は完全に疲れ果てた
He got as far as the middle of the field	野原の真ん中辺りまで行った
and then collapsed, blood streaming from his nose.	そして倒れてしまった / 鼻から血を流して
So that is how Mr Hedgehog won the race.	このようにして、ハリネズミ氏は競走に勝った。
He collected the brandy and gold coin,	（賞品の）ブランデーと金貨を手に入れ、
went home happily with his wife,	家に帰った / 嬉しそうに / 夫人と一緒に
and lived contentedly ever after.	その後幸せに暮らした / いつまでも
The moral of the story is first that,	この物語の教訓は、一つ目は
however proud and successful you may be,	仮にどんなに自分に自信があり、成功していたとしても、

you shouldn't make fun of someone else	他人を馬鹿にしてはいけないということだ
— even if they're only a hedgehog.	仮に相手がちっぽけなハリネズミであっても
Secondly, if you are thinking of getting married,	次の教訓は、もし結婚しようとするなら
you should marry someone just like you.	結婚すべきだ／自分に似た相手と
So if you happen to be a hedgehog,	だから、もし、あなたがハリネズミならば、
make sure that your wife is a hedgehog too.	必ずハリネズミを奥さんに選ぶべきだ。

第5週
Our family and other animals (No.1)

During my childhood,	私が子どもの頃
my family lived in a spacious 19th century house with a large garden,	私たち家族は19世紀建築の広い家に住んでいた／（その家には）大きな庭があった
much of which was quite wild.	庭の大部分は荒れるままになっていた。
In addition to vegetable patches and flower beds,	野菜畑や花壇に加えて
there was a woody part which we grandly named 'the forest'	樹木の生い茂った場所があり、私たちはそこを少し大袈裟だが「森」と呼んでいた。
and a small field, known to us as the 'paddock'.	また、小さな野原もあって、それを私たちは「放牧場」と呼んでいた。
One of the advantages of the garden / was that we were able to keep a variety of different kinds of animals.	この庭の良い点のひとつは／飼育することができたことだ／多くの種類の動物を
Some of the animals lasted longer than others,	長生きする動物もいれば、そうでない動物もいた
but I learnt something from each of them.	しかし、私は全ての動物から何かを学び取った。
Sadly, one of the first lessons was about mortality.	悲しいことに、最初に学んだことの一つは命が限りあることについてだった。
However much we may love them, no living thing survives for ever.	どんなに愛していても、どんな生物も永遠には生きられない。
My first pet was a guinea pig,	私が飼った最初のペットはモルモットだった
and I named him 'Sandy' because of his yellowish fur.	私は、そのモルモットを「サンディー」と名づけた／黄色っぽい毛色だったので

Sandy's time with us was particularly short,	サンディーが私たちと過ごした時間は特に短かった
and quite soon after his arrival, / I learnt that he had departed this life and gone to heaven.	我が家へやって来てから間もなく / 私は聞かされた / サンディーが生涯を終えて天国へ旅立ったことを
As far as I remember, I accepted this news philosophically enough,	私の記憶する限りでは、サンディーの死を、仕方のないものと受け止めた
and it was not until several years later that I heard what had actually happened.	数年経過するまで、実際に起こったことを知らされなかった
Sandy had been attacked and — who knows? — perhaps eaten by our neighbour's dog.	サンディーは隣人の犬に襲われ、恐らく食べられてしまっていたのだ。
At the time, no one told me this for fear of upsetting me.	事が起こったときには、誰も私にこの事を教えてはくれなかった / 私を悲しませないように配慮したのだ。

第6週
Our family and other animals (No.2)

The second lesson was about persistence.	次に学んだことは我慢強く継続することだ。
We had a tortoise named William, and he liked lettuces.	ウィリアムという名のカメを飼っていたが、このカメはレタスが好物だった。
As I say, the garden was a large one and, as everyone knows, tortoises move slowly.	既に言ったように庭は広大だったご存知の通り、カメは動きがとてもゆっくりだ。
However, it seems that they can move quite quickly where lettuces are concerned.	でも、レタスとなると、カメも随分素早く動くことができるようだった。
Several times we picked William up / and placed him at the opposite end of the garden,	何度かウィリアムをつまみあげ、庭の反対側の端に置いてみた
but by the next day or so, he had always found his way back to the lettuce patch.	しかし、だいたい翌日にはレタス畑へ戻っていた。
William had another interesting characteristic:	ウィリアムにはもう一つ面白い特徴があった。
he could sleep a lot—all winter in fact—	長時間(実は、冬の間ずっと、というような長い期間)眠っていられるのだ。
and disappear for months at a time.	一度に何ヶ月もの間、姿を見せなかった。
Or years at a time.	長いときでは一度に何年も姿を消したこともあった。
Once he disappeared for two whole years,	ある時、ウィリアムは丸2年姿を消した

and we thought that someone must have stolen him.	それで、私たちは誰かに盗まれたのだろうと考えた。
However, then he reappeared, in the lettuce patch.	でも、また現れた / レタス畑に
We vaguely wondered whether we had found another tortoise, not William.	少しばかり疑問に思った / 別のカメを見つけたのではないかと / ウィリアムではなくて
That didn't seem very likely	そういうことは恐らくないだろう（実際にはウィリアムだろう）と思った
but, to make sure, we painted a blue patch on his shell,	しかし、念のために、青いペンキで印をつけた / 甲羅の上に
so that we could be sure of identifying him the next time he reappeared.	確かめることができるように / 次回また姿を消してから現れた時に

第7週
Our family and other animals (No.3)

Tortoises are uncommunicative, self-sufficient creatures,	カメは無口で、自立した生き物だ
and it is hard to establish much of a personal relationship with them.	（だから）親しい関係を築くことは難しい
Dogs are entirely different.	イヌは全くその正反対だ。
Our next pet was a Jack Russell terrier named 'Tess'.	私たちの次のペットはジャック・ラッセル・テリアだった／「テス」という名の
She and I didn't get on so well at first.	テスと私は、最初は仲がよくなかった
I was still quite young when she arrived,	私はまだとても小さな子供だった／テスが我が家にやって来た時に。
and treated her in much the same way as I treated my inanimate teddy bear.	そして、テスを扱った／テディベアのぬいぐるみを扱うのとさほど変わらない調子で
Understandably, she thought that she deserved greater respect	当然ながら、テスは思った／もっと敬意を持って接して欲しいと
and, to make the point absolutely clear, would bare her teeth and give a soft growl	そして、意思をはっきり示そうと、歯をむき出してやんわりとしたうなり声を出したものだ。
if she thought that I was misbehaving.	私のふるまいがよくないと思ったときには
However, that was only at the beginning.	でも、それもほんの最初だけだった
In the course of time we established a much better understanding,	時間が経つにつれてお互いをより深く理解するようになった
and Tess became an important part of my childhood.	そして、テスは私の幼少期においてとても重要な存在となった

As I began to grow up, I went on long explorations of the surrounding countryside,	私は成長するにつれ、家の周辺を探検し始めた。
sometimes walking as far as five or six miles from home.	時には家から5～6マイルも歩いたこともあった。
I imagined myself as an intrepid explorer of unknown lands,	自分が未開の地を行く勇敢な探検家だと思っていた
and Tess was my faithful companion.	そしてテスが忠実な旅の相棒である（ように思っていた）
Sometimes I wondered whether I had gone a bit too far.	時にはちょっと行き過ぎてしまったと思うこともあった。
On one occasion, when returning home from a particularly long walk,	ある時 / 帰り道に / とりわけ長い距離の探検からの
I met a neighbour and told her where I had been.	隣人に出会い、どこまで行ってきたかを告げた。
She exclaimed, 'how lovely for the dog!'	すると隣人はびっくりした様子で言った /「イヌは喜んだでしょうね！」と。
I looked at Tess for confirmation:	私はテスを見た / 本当にそうだったのか確認しようと
she was walking slowly, panting, and seemed rather tired.	テスはのろのろとした足取りで、息を弾ませており、かなり疲れているようだった。
I wasn't entirely certain whether she agreed.	定かではない /（隣人の言ったことに）テスが同意したか。

第8週
Our family and other animals (No.4)

Tess did like long walks, but her real passion in life was chasing stones.	テスは長距離の散歩も確かに好きだったが、本当の生きがいは石を追うことだった。
Other dogs chase balls, or perhaps sticks.	他のイヌはたいていボールや木の枝を追う
Tess disdained both of these: she only cared for stones.	テスはこのどちらも気に留めず、石だけが興味の的だった。
She also liked digging.	テスは地面を掘ることも好きだった。
On the beach she managed to combine both interests.	海岸に出かけると、テスはこの両方を一緒に楽しむことが出来た。
We would throw stones for her to pick up and retrieve.	よく石を投げて遊んだものだ / テスが拾って持って帰って来るように
Then, if we got bored and wanted to sit down,	そして、私たちがこの遊びに飽きて、海岸に座ってしまうと、
she would dig furiously into the sand / so that the stone was soon buried at the bottom of a large hole.	テスは一心不乱に砂を掘り、遊んでいた石は埋められてしまった / 大きな穴の底に
I have no idea why she did this	何故テスがこのようなことをしたのか全く理解できない
but, thinking about it now, I admire her all the more.	しかし、今考えると、その分余計にテスを尊敬する
These days I tend to be over-busy, and find it hard to relax.	ここ最近の私は忙しすぎて、リラックスすることがなかなかできない
Tess obviously derived immense enjoyment from an energetic activity	テスはとてつもない楽しみを得ていた / エネルギー溢れる遊びから

that had no particular purpose: it was just fun.	その遊びには、特にこれという目的もなかった / ただ、楽しいからしているのだった
Tess stayed with us for her whole life of 14 years.	テスは私たち家族と共に過ごした / 14年間の生涯を
The next two animals on my list lasted for a rather shorter period.	次の動物は、どちらかと言うと短い生涯だった。
I mentioned that we had a paddock.	既述のように家の庭には小放牧場があった
We also had a stable, but no horse,	馬小屋はあったが、ウマは飼っていなかった
so there was no animal to eat the grass, and it grew long and untidy.	だから、草を食べる動物がいなかったので草は伸び放題で手入れが行き届いていない状態だった
However, our next door neighbour — the one who owned the murderous dog — had a solution.	しかし、私たちの隣人（モルモットを襲ったイヌの飼い主）がそれを解決してくれた
He was a farmer, and would lend us two sheep.	隣人は農場主で、2匹の羊を貸してくれた。

第9週
Our family and other animals (No.5)

From a distance, sheep seem like gentle, innocent creatures	遠目で見ると、羊はとても穏やかで純真無垢な動物に見える。
that munch grass and do what they are told.	草をモグモグと食べるだけで、言われたことに従う（穏やかな動物）
This image is a deliberate deception on their part.	このイメージは、私たちが羊にうまくだまされているのだ
As we discovered, they have a fair amount of initiative, and they like exploring.	羊のことを知るにつれ、羊にもそれなりの意思があり、探検好きであることが分かる。
Coming to think of it, we have an English saying that describes their general approach to life:	ちなみに、羊の生き方をよく言い表す英語の諺がある
"the grass is always greener on the other side of the fence".	「隣の芝は青く見える」（という諺）
Our sheep certainly thought so, and it wasn't long before they escaped.	私たちの羊はまさにそう思ったようで、ほどなくして、逃げ出してしまった。
Unlike our neighbour, we didn't have a sheep dog.	隣人とは違って、我が家では牧羊犬を飼っていなかった。
I was away at the time, so I couldn't help either:	私はその時不在で手伝うことができなかった
my parents had to catch the sheep on their own.	両親は自力で羊を捕まえなければならなかった。
It wasn't easy.	とても大変だったそうだ。
The two sheep ran one way, so my father ran to intercept them.	まず、2匹の羊は同じ方向に向かって逃げたので、父はそれを防ごうとした。

Then they both decided to run in different directions,/ and my parents chased after them, shouting loudly.	その後2匹は違う方向に走り出し、両親は羊を追った / 大声で叫びながら。
The whole exercise involved a lot of chasing, and a lot of puffing.	とにかくずっと追いかけなければならず、息も随分切らしたようだ。
The sheep began to look quite distressed,	羊が困り果てた様子を見せ始めた
and my mother, who was a compassionate soul, felt sorry for them.	私の母は、心優しい人なので、羊たちがかわいそうに思えてきた。
She made the mistake of voicing her concern: "poor sheep!"	母は間違いを犯した / 自分の思いを口に出すという（間違い）/「かわいそうな羊！」という（思い）。
My father was quite upset.	（この言葉に）父はひどく憤慨した。
He too was distressed, and he thought that my mother ought to feel sorry for him.	父も疲れ果てており、羊よりもむしろ自分に同情するべきだと思ったのだった。

第10週
Standing in line (No.1)

I've just been reading the memoirs of a famous British musician who spent part of the Second World War in Greece.	著名なイギリス人の音楽家の回顧録を読んでいた。／その人は第二次世界大戦中の一時期をギリシャで過ごした
In one incident he describes what happened when he returned to Britain after his adventures.	その中の一節で、出来事の描写がある／戦地での経験の後、イギリスに戻った際に起きた（出来事）
One of the first things he saw was a line of people standing patiently in a queue.	帰国して目についたものの一つが、列を成して辛抱強く立っている人々の列だった。
He felt a deep sense of emotion.	彼は心の奥からこみ上げるものを感じた。
The Greeks were chaotic and certainly did not stand in lines:	ギリシャ人には秩序がなく、列に並んだりしない。
the British were disciplined and considerate.	イギリス人は規律を守り、思いやりがある。
They knew how to behave properly.	イギリス人は礼儀正しく振舞う方法を知っている。
He was home at last!	やっと自分の国に帰ってきたのだ！
In Europe at least, the British are famous for their willingness to stand patiently in line	少なくともヨーロッパにおいては、イギリス人は有名だ／辛抱強く一列に並んで待つことで
while waiting for buses, queuing up for a theatre ticket, waiting to be served in a shop — or more or less anything.	バス停や劇場のチケット売場、お店での順番待ちなど、ありとあらゆることで

There is even a story of some practical jokers who started a queue for a non-existent attraction at a fun fair.	悪ふざけ好きな人の話があるほどだ／その人たちは、遊園地で実際には存在しないアトラクションに列を作り始めた
There wasn't anything to see or do at the end of the queue,	列の先頭には見るものも特にすることも何もなかった、
but people joined it all the same, and soon there was a long line of people.	しかし、他の人が次々と列に並び、すぐに長い行列ができた
Queuing seemed the natural thing to do.	並ぶことが、その場での一番自然な行動だと考えられたのだろう。

第11週
Standing in line (No.2)

Of course, this is a stereotype, but there is some truth in it.	もちろんこれは固定観念だが、確かに本当の部分もある。
As children, we are taught that it is polite to yield.	イギリス人は子供の頃から譲り合うことは礼儀正しいこととして教育される。
For example when two people are trying to go through a door at the same time,	例えば、同じタイミングで2人の人間がドアを通り過ぎようとした場合
the correct thing to do is to stand back and say 'After you!'	取るべき正しい行動は、一歩下がって、「お先にどうぞ！」と言うことだ。
At the same time, we have a deep contempt for somebody who tries to jump in ahead of a queue.	同様に、私たちは、列に割り込もうとする人をひどく軽蔑する。
If you try to do that at a bus stop, you are quite likely to be shouted at:	もし、バス停で列に割り込もうとしたならば、恐らく言われるだろう。
"Can't you see that there is a queue here?	「ここに列があるのが見えないのですか？
Get to the back of the line!"	列の最後尾に並んでください！」と。
Or at least that used to be the case.	少なくともかつてはそうだった。
I first became aware of this national characteristic when I started travelling to other countries.	私が、このイギリス人の国民的特徴に初めて気付くようになったのは、海外に出かけるようになってからだ。
In Germany I remember being the first to arrive at a bus stop.	ドイツで、バス停に誰よりも先に着いて、待ち始めた時のことを思い出す。
I had quite a long time to wait and, by the time that the bus arrived, there were five or six other people.	バスが来るまでかなり長い時間待ったバスが到着した時には他にも5−6人待っている人がいた。

Unlike me, they had no sense of decorum:
I was the first to arrive, and the last to enter the bus.

私とは違って、彼らには礼儀正しさが皆無だった。
私は最初にバス停に着いたのに、バスに乗り込んだのは最後だった。

第12週
Standing in line (No.3)

In the German case it didn't matter very much:	このドイツでの出来事は結果的に大した問題ではなかった。
there was plenty of room in the bus.	というのも、バスは空いていたからだ。
Later on, I remember waiting for a bus in Tanzania.	その後、タンザニアでバスを待っていた時の事だ。
Again there was a mad rush to get on board, and again I was left behind.	ここでもバスに乗り込むのに我先にと押し合いへし合いで、またもや、私は取り残されてしまった。
This time it did matter: it was the only bus that day,	この時はさすがに困った。一日に一本しかないバスだったからだ。
and the conductor would not allow me to sit on the floor between the seats.	車掌は座席の間の床に座らせてくれなかった。
I had to wait a whole day for the next bus.	丸一日そこで待たなければならなかった / 次のバスが来るまで
Since I had a long time to wait, I had a chance to reconsider my strategy.	待つ時間がかなりあったので、その間に作戦を練り直した。
I decided to walk a mile up the road,	私は1マイルほど先まで歩くことにした
and get on the bus before it arrived at the main bus station.	バスに乗り込むことにした / バスが中心のバス停に到着する前に
Happily the solution worked, or I might still be waiting.	幸いこの作戦は上手く行った。そうでなければ、今でもそのバス停で待っていたかもしれない。

In fact, the image of the British as world champions in the art of queuing is no longer accurate.	実際には、イギリス人が並ぶことにかけて世界一というイメージは、今となっては正確ではない。
I think there are two reasons for this.	理由は2つあると考える。
One is that there is less need to stand in line anyway.	一つ目は、列に並ぶこと自体の必要性が少なくなってきているということだ。
In the post-war years, Britain was quite well off compared with many other countries,	戦争直後の時代には、イギリスは豊かだった / 他の多くの国に比べて
but still there were shortages of certain kinds of food or clothing,	しかし、イギリスでもある種の食料や衣類が不足していた
and queuing was a natural part of life.	そして並ぶことは生活の一部となっていた。
Now, that is no longer true.	今の時代には、もはやその必要はない。

第13週
Standing in line (No.4)

The other reason is more subtle.	もう一つの理由はもう少し微妙なものだ。
At heart, we retain our basic instincts.	心の底では、私たちは今でも基本的な本能を持っている。
We still don't like queue-jumpers.	今でも列に割り込む人を好ましく思わない。
However, we have also absorbed a different, contradictory message.	しかし、それとは別の相反する意見も受け入れるようになった。
To be competitive, you have to get ahead, and you may have to be ruthless.	競争に勝つためには、人より前に出なければならず、無情な行動を取らなければならないこともある。
I worry that we are less considerate than we used to be.	私は懸念する / 私たちは思いやりの気持ちが減ってきているのではないかと / 昔と比較して
We are more likely to be queue-jumpers ourselves.	私たち自身が割り込みをしてしまう可能性も大きくなってきている。
In any case, we certainly can have no claim to be world champions in queuing.	いずれにしても、並ぶことに関してイギリス人が世界一であると自負することはできない。
That honour must surely go to the Japanese.	その栄誉は日本人に与えられるべきだと思う。
When my British friends come to Tokyo, they all want to know about the Metro.	イギリス人の友人が東京に遊びに来ると、みんな地下鉄について知りたがる。
They have heard stories about Metro officials with white gloves who push people into trains during the rush hours.	話を聞いたことがあるからだ / ラッシュアワーに白い手袋をはめた地下鉄職員が電車の中に乗客を押し込むという (話を)
They are delighted — and slightly shocked—	一様に喜ぶが、同時に少し衝撃も受けるようだ

to find that this really does happen at our local Metro station.	この現象が我が家の最寄駅でまさに本当に起こっているのを見て
But what really surprises them is the way that people stand patiently in line / at exactly the right place on the platform.	さらにもっと驚くのは、人々が辛抱強く並んで待っている様子だ／（電車のドアの位置に合わせて）プラットフォームの指定の場所に
There is even a place for queuing for the train after next — and sometimes even the one after that.	さらに次の電車待ち用の場所が指定されていることもある。場合によっては、そのさらに先の電車待ち用の場所さえも
They find these queues amazing, well worth a photograph.	イギリスの友人たちは、こういった列を見事だと思い、写真に撮っておく価値があると思うようだ。
It probably doesn't occur to these Japanese commuters,	日本人の通勤者たちは気がついていないかもしれない
But perhaps they are now more 'British' than we are.	しかし、日本人はもしかしたら私たちイギリス人よりももっと「イギリス人」らしいのかもしれない。

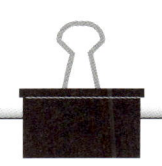

STEP 4～6
各週第4～6日目
シャドーイング用スクリプト

★ステップ4～6で、シャドーイングをする際に、うまくできたところ、できなかったところの確認やマーカーで印をつけるのに利用してください。

★一回に練習する分量が多いと思われる人は、／／印のところで区切って、2週に分けて練習しても構いません。

第1週
The hare and the hedgehog (No.1)

You probably know the fable about the hare and the tortoise, but have you heard the story about the hare and the hedgehog? It is a folk tale, one of many collected by the Brothers Grimm in Germany in the early 19th century, and it goes like this: ―

Early one Sunday morning Mr Hedgehog decided to go for a walk in the fields. On the way he met Mr Hare, who was a very proud sort of person with a strong sense of his own importance. They greeted each other politely. Then Mr Hare asked: "What are you doing, out and about so early?" //

Mr Hedgehog explained that he was going for a walk to inspect a field of turnips that he had planted. Mr Hare was very scornful: "Going for a walk? On those crooked little legs?"

Mr Hedgehog was very offended. He could put up with a lot of things, but he really did not like having his legs insulted. It was true that they were crooked, but that is how nature had made them. So, full of indignation, he replied: "They may be crooked, but they serve me very well, and I bet I can run faster than you!"

第2週
The hare and the hedgehog (No.2)

Mr Hare was both scornful and incredulous. Run faster than him? That was impossible! He decided to challenge Mr Hedgehog to a race. Mr Hedgehog wanted to know what the prize would be, and they agreed on a gold coin and a bottle of brandy. Mr Hare was already looking forward to the brandy, and wanted to start straight-away, but Mr Hedgehog said that he needed to have his breakfast, so they agreed to meet at the same place an hour later. //

When he got home, Mr Hedgehog told his wife what had happened. She was very upset: "Oh my goodness! What have you done now! What on earth are we going to do?"

But Mr Hedgehog told her not to worry. Everything would be fine as long as she did what she was told. Meanwhile, he wanted to enjoy his breakfast.

An hour later, they set out, and Mr Hedgehog gave his instructions. She had to wait behind a bush at the bottom end of a long field. When Mr Hare came along, she had to jump out in front of him and say, "I got here first!"

第3週
The hare and the hedgehog (No.3)

Then Mr Hedgehog went to meet Mr Hare at the top end of the field, where the race was to start. Mr Hare was full of confidence. They got ready to run: "One, two, three! GO!!" And Mr Hare sped off like a storm wind. Mr Hedgehog, on the other hand, just ran forward two or three steps, and then sat down to relax. Just as Mr Hare was approaching the bottom of the field, Mrs Hedgehog saw him coming, so — obeying her instructions — she stepped out from behind the bush and shouted, "I got here first!" //

Mr Hare was astounded: Mrs Hedgehog looked exactly like her husband, and Mr Hare thought that he had lost. Determined to have another chance, he gasped: "Let's race back again!" Without waiting for an answer he again sped off like a storm wind. When he got to the top of the field, Mr Hedgehog saw him coming, got up from his resting place, and shouted, "I got here first!"

第4週
The hare and the hedgehog (No.4)

Mr Hare was really upset, but he refused to admit defeat, so he challenged Mr Hedgehog to continue. Altogether Mr Hare ran up and down the field 73 times. Every time he got to the top or bottom of the field, either Mr Hedgehog or his wife would jump up and shout "I got here first!" On the 74th time, Mr Hare was totally exhausted. He got as far as the middle of the field and then collapsed, blood streaming from his nose. //

So that is how Mr Hedgehog won the race. He collected the brandy and gold coin, went home happily with his wife, and lived contentedly ever after.

The moral of the story is first that, however proud and successful you may be, you shouldn't make fun of someone else — even if they're only a hedgehog. Secondly, if you are thinking of getting married, you should marry someone just like you. So if you happen to be a hedgehog, make sure that your wife is a hedgehog too.

第5週
Our family and other animals (No.1)

During my childhood, my family lived in a spacious 19th century house with a large garden, much of which was quite wild. In addition to vegetable patches and flower beds, there was a woody part which we grandly named 'the forest' and a small field, known to us as the 'paddock'. One of the advantages of the garden was that we were able to keep a variety of different kinds of animals. Some of the animals lasted longer than others, but I learnt something from each of them. //

Sadly, one of the first lessons was about mortality. However much we may love them, no living thing survives for ever. My first pet was a guinea pig, and I named him 'Sandy' because of his yellowish fur. Sandy's time with us was particularly short, and quite soon after his arrival, I learnt that he had departed this life and gone to heaven. As far as I remember, I accepted this news philosophically enough, and it was not until several years later that I heard what had actually happened. Sandy had been attacked and — who knows? — perhaps eaten by our neighbour's dog. At the time, no one told me this for fear of upsetting me.

第6週
Our family and other animals (No.2)

The second lesson was about persistence. We had a tortoise named William, and he liked lettuces. As I say, the garden was a large one and, as everyone knows, tortoises move slowly. However, it seems that they can move quite quickly where lettuces are concerned. Several times we picked William up and placed him at the opposite end of the garden, but by the next day or so, he had always found his way back to the lettuce patch. //

William had another interesting characteristic: he could sleep a lot — all winter in fact — and disappear for months at a time. Or years at a time. Once he disappeared for two whole years, and we thought that someone must have stolen him. However, then he reappeared, in the lettuce patch. We vaguely wondered whether we had found another tortoise, not William. That didn't seem very likely but, to make sure, we painted a blue patch on his shell, so that we could be sure of identifying him the next time he reappeared.

第7週
Our family and other animals (No.3)

Tortoises are uncommunicative, self-sufficient creatures, and it is hard to establish much of a personal relationship with them. Dogs are entirely different. Our next pet was a Jack Russell terrier named 'Tess'. She and I didn't get on so well at first. I was still quite young when she arrived, and treated her in much the same way as I treated my inanimate teddy bear. Understandably, she thought that she deserved greater respect and, to make the point absolutely clear, would bare her teeth and give a soft growl if she thought that I was misbehaving. However, that was only at the beginning. In the course of time we established a much better understanding, and Tess became an important part of my childhood. //

As I began to grow up, I went on long explorations of the surrounding countryside, sometimes walking as far as five or six miles from home. I imagined myself as an intrepid explorer of unknown lands, and Tess was my faithful companion. Sometimes I wondered whether I had gone a bit too far. On one occasion, when returning home from a particularly long walk, I met a neighbour and told her where I had been. She exclaimed, 'how lovely for the dog!' I looked at Tess for confirmation: she was walking slowly, panting, and seemed rather tired. I wasn't entirely certain whether she agreed.

第8週
Our family and other animals (No.4)

Tess did like long walks, but her real passion in life was chasing stones. Other dogs chase balls, or perhaps sticks. Tess disdained both of these: she only cared for stones. She also liked digging. On the beach she managed to combine both interests. We would throw stones for her to pick up and retrieve. Then, if we got bored and wanted to sit down, she would dig furiously into the sand so that the stone was soon buried at the bottom of a large hole. // I have no idea why she did this but, thinking about it now, I admire her all the more. These days I tend to be over-busy, and find it hard to relax. Tess obviously derived immense enjoyment from an energetic activity that had no particular purpose: it was just fun.

Tess stayed with us for her whole life of 14 years. The next two animals on my list lasted for a rather shorter period. I mentioned that we had a paddock. We also had a stable, but no horse, so there was no animal to eat the grass, and it grew long and untidy. However, our next door neighbour — the one who owned the murderous dog — had a solution. He was a farmer, and would lend us two sheep.

第9週
Our family and other animals (No.5)

From a distance, sheep seem like gentle, innocent creatures that munch grass and do what they are told. This image is a deliberate deception on their part. As we discovered, they have a fair amount of initiative, and they like exploring. Coming to think of it, we have an English saying that describes their general approach to life: "the grass is always greener on the other side of the fence". Our sheep certainly thought so, and it wasn't long before they escaped. //

Unlike our neighbour, we didn't have a sheep dog. I was away at the time, so I couldn't help either: my parents had to catch the sheep on their own. It wasn't easy. The two sheep ran one way, so my father ran to intercept them. Then they both decided to run in different directions, and my parents chased after them, shouting loudly. The whole exercise involved a lot of chasing, and a lot of puffing. The sheep began to look quite distressed, and my mother, who was a compassionate soul, felt sorry for them. She made the mistake of voicing her concern: "poor sheep!" My father was quite upset. He too was distressed, and he thought that my mother ought to feel sorry for him.

第10週
Standing in line (No.1)

I've just been reading the memoirs of a famous British musician who spent part of the Second World War in Greece. In one incident he describes what happened when he returned to Britain after his adventures. One of the first things he saw was a line of people standing patiently in a queue. He felt a deep sense of emotion. The Greeks were chaotic and certainly did not stand in lines: the British were disciplined and considerate. They knew how to behave properly. He was home at last! //

In Europe at least, the British are famous for their willingness to stand patiently in line while waiting for buses, queuing up for a theatre ticket, waiting to be served in a shop — or more or less anything. There is even a story of some practical jokers who started a queue for a non-existent attraction at a fun fair. There wasn't anything to see or do at the end of the queue, but people joined it all the same, and soon there was a long line of people. Queuing seemed the natural thing to do.

第11週
Standing in line (No.2)

Of course, this is a stereotype, but there is some truth in it. As children, we are taught that it is polite to yield. For example when two people are trying to go through a door at the same time, the correct thing to do is to stand back and say 'After you!' At the same time, we have a deep contempt for somebody who tries to jump in ahead of a queue. If you try to do that at a bus stop, you are quite likely to be shouted at: "Can't you see that there is a queue here? Get to the back of the line!" Or at least that used to be the case. //

I first became aware of this national characteristic when I started travelling to other countries. In Germany I remember being the first to arrive at a bus stop. I had quite a long time to wait and, by the time that the bus arrived, there were five or six other people. Unlike me, they had no sense of decorum: I was the first to arrive, and the last to enter the bus.

第12週
Standing in line (No.3)

In the German case it didn't matter very much: there was plenty of room in the bus. Later on, I remember waiting for a bus in Tanzania. Again there was a mad rush to get on board, and again I was left behind. This time it did matter: it was the only bus that day, and the conductor would not allow me to sit on the floor between the seats. I had to wait a whole day for the next bus. Since I had a long time to wait, I had a chance to reconsider my strategy. I decided to walk a mile up the road, and get on the bus before it arrived at the main bus station. Happily the solution worked, or I might still be waiting. //

In fact, the image of the British as world champions in the art of queuing is no longer accurate. I think there are two reasons for this. One is that there is less need to stand in line anyway. In the post-war years, Britain was quite well off compared with many other countries, but still there were shortages of certain kinds of food or clothing, and queuing was a natural part of life. Now, that is no longer true.

第13週
Standing in line (No.4)

The other reason is more subtle. At heart, we retain our basic instincts. We still don't like queue-jumpers. However, we have also absorbed a different, contradictory message. To be competitive, you have to get ahead, and you may have to be ruthless. I worry that we are less considerate than we used to be. We are more likely to be queue-jumpers ourselves.

In any case, we certainly can have no claim to be world champions in queuing. That honour must surely go to the Japanese. // When my British friends come to Tokyo, they all want to know about the Metro. They have heard stories about Metro officials with white gloves who push people into trains during the rush hours. They are delighted — and slightly shocked — to find that this really does happen at our local Metro station. But what really surprises them is the way that people stand patiently in line at exactly the right place on the platform. There is even a place for queuing for the train after next — and sometimes even the one after that. They find these queues amazing, well worth a photograph.

It probably doesn't occur to these Japanese commuters, but perhaps they are now more 'British' than we are.

＜英語力確認テスト(p.8-9)解答＞

1. 正確な
2. 利点、メリット
3. ふるまう
4. 飽きて
5. 崩壊する、倒れる
6. 結びつける
7. 車掌
8. 軽蔑
9. 自信
10. 確認
11. 思いやりのある
12. 生き物
13. 意図的な
14. 方向
15. 感情
16. 疲れ果てた
17. 探検する
18. 忠実な
19. ハリネズミ
20. 生命のない
21. 憤懣
22. 無実の、罪のない
23. 本能、直観
24. レタス
25. 死、命に限りがあること
26. 従う
27. 情熱
28. 辛抱強く
29. 粘り強さ、継続
30. 賞、賞品
31. 目的
32. 列、列を作る
33. 軽蔑した
34. 不足
35. 広大な
36. カメ
37. 扱う
38. 動揺して、憤慨して、動揺させる
39. 曖昧に、漠然と
40. 譲る、譲歩する

英語顔を作る3カ月ダイアリー

※下の表のマス目に以下の要領で毎日のトレーニング状況を記録しましょう。

□ サボり　　◪ 半分ぐらい　　☒ ほぼ完璧

	月／日（曜日）	タオル	フェイス	リズム	英語	コメント
第1週	／　（　）					
	／　（　）					
	／　（　）					
	／　（　）					
	／　（　）					
	／　（　）					
	／　（　）					
第2週	／　（　）					
	／　（　）					
	／　（　）					
	／　（　）					
	／　（　）					
	／　（　）					
	／　（　）					
第3週	／　（　）					
	／　（　）					
	／　（　）					
	／　（　）					
	／　（　）					
	／　（　）					
	／　（　）					

第4週	／ ( )					
	／ ( )					
	／ ( )					
	／ ( )					
	／ ( )					
	／ ( )					
	／ ( )					
第5週	／ ( )					
	／ ( )					
	／ ( )					
	／ ( )					
	／ ( )					
	／ ( )					
	／ ( )					
第6週	／ ( )					
	／ ( )					
	／ ( )					
	／ ( )					
	／ ( )					
	／ ( )					
	／ ( )					
第7週	／ ( )					
	／ ( )					
	／ ( )					
	／ ( )					
	／ ( )					
	／ ( )					
	／ ( )					

英語顔を作る3カ月ダイアリー

※下の表のマス目に以下の要領で毎日のトレーニング状況を記録しましょう。

□ サボり　　◪ 半分ぐらい　　⊠ ほぼ完璧

	月／日（曜日）	タオル	フェイス	リズム	英語	コメント
第8週	／　（　）					
	／　（　）					
	／　（　）					
	／　（　）					
	／　（　）					
	／　（　）					
	／　（　）					
第9週	／　（　）					
	／　（　）					
	／　（　）					
	／　（　）					
	／　（　）					
	／　（　）					
	／　（　）					
第10週	／　（　）					
	／　（　）					
	／　（　）					
	／　（　）					
	／　（　）					
	／　（　）					
	／　（　）					

第11週	／ ( )						
	／ ( )						
	／ ( )						
	／ ( )						
	／ ( )						
	／ ( )						
	／ ( )						
第12週	／ ( )						
	／ ( )						
	／ ( )						
	／ ( )						
	／ ( )						
	／ ( )						
	／ ( )						
第13週	／ ( )						
	／ ( )						
	／ ( )						
	／ ( )						
	／ ( )						
	／ ( )						
	／ ( )						

3カ月トレーニング完了おめでとう！！

終わりに

3カ月のトレーニングはいかがでしたか？ 呼吸法と顔や口の周りの筋肉を鍛えるトレーニングと共に、同じ英文を繰り返し練習する英語トレーニングを続けてきて、自分の発音が英語らしくなってきた、英語の音がとても聞きやすくなった、と実感できたのではないでしょうか？ 英語のリズムに乗れることがわかったら、何だ、英語の聞き取りって、こんなに簡単なことだったのか、と思ったのではないでしょうか？ ここまでくれば、英語学習の突破口を抜けたことになります。この後は、好きな題材を見つけて、本書で身に付けた習慣を続けていくとよいでしょう。

外国語学習に成功するためには、「継続は力なり」の諺が示す通り、**地道にコツコツと続けていくことが大切**です。「**無理のない量で、毎日コツコツ繰り返す**」という本書のトレーニングで覚えた方法をこれからも続けていってください。**自分の進歩の具合を確認し、到達可能な小さい目標を設定することも、外国語学習成功の秘訣**ですので、**自分の英語を録音して、できたところ、できなかったところを確認し、できるようになるまで練習する**本書の学習法を是非継続することをお勧めします。

英語を通して、今まで知らなかったことを知ることができたり、新しい友達ができたりすれば、世界が広がります。英語学習自体が目的なのではなくて、英語を使って何かをしたい、という強い気持ちがあると、勉強も長続きします。興味の持てる、楽しい題材を見つけて、英語学習を楽しんでください。そのためにも、コラムでご紹介したテーマ別学習を試してみるとよいでしょう。また、英語をある程度マスターしたら、本書のトレーニング法を応用して別の外国語に挑戦するのもよいでしょう。**言葉はあなたを未知の世界へ誘(いざな)うパスポートです。**外国語を学習することで、皆さんの未来が大きく開けていくことをお祈りしています。

👍 **3カ月トレーニング完了おめでとうございます。さらなる飛躍をお祈りしています。**

- 継続は力なり。トレーニングをさらに続けましょう。
- 無理のない量を毎日コツコツと。
- 呼吸法と顔の筋肉トレーニングを毎日の習慣に。
- 興味の持てる英語の題材を探しましょう。
- 常に、到達可能な目標を持って、努力しましょう。
- 英語は道具。英語で何をしたいのか、明確な目標を持って。
- 外国語の力をつけて世界へ羽ばたきましょう。

聞ける！話せる！英語力3カ月トレーニング

- 2006年10月20日　初版発行 ●
- 2013年 8月30日　4刷発行 ●

● 著者 ●
小林　美代子
© Miyoko Kobayashi, 2006

KENKYUSHA
〈検印省略〉

● 発行者 ●
関戸　雅男

● 発行所 ●
株式会社　研究社
〒102-8152　東京都千代田区富士見2-11-3
電話　営業03-3288-7777（代）　編集03-3288-7711(代)
振替　00150-9-26710
http://www.kenkyusha.co.jp/

● 印刷所 ●
研究社印刷株式会社

● 装丁・CDデザイン・本文レイアウト・イラスト ●
古正佳緒里

● 英文作成・編集協力 ●
John Bray

● CD吹込み ●
John Bray／Helen Morrison

ISBN978-4-327-44091-6 C1082　Printed in Japan